超訳 アドラーの言葉

超譯阿德勒

岩井俊憲 編著　　陳筱茜 譯

高寶書版集團

編著者前言

阿爾弗雷德．阿德勒（Alfred Adler，一八七〇年至一九三七年），是奧地利的精神科醫師和心理學家。也是眾所皆知的「阿德勒心理學」創始人，與弗洛伊德（Sigmund Freud）、榮格（Carl Gustav Jung）齊名，是「心理學三大巨頭」之一。

很多人可能是從二〇一三年出版的暢銷書《被討厭的勇氣》（岸見一郎、古賀史健著，究竟出版）中知道他的存在。

在那之前，他在日本的知名度比弗洛伊德和榮格還低，是內行人才知道的存在。

自從一九八五年認識阿德勒以來，一直透過公開講座和商業研習來傳達阿德勒心理學的我，當它成為暢銷書的時候才有了「終於在日本也實現了……」的感覺。

阿德勒出生於奧地利維也納郊外的猶太家庭。據說小時候身體孱弱，患有佝僂症與氣喘，一直過著與病魔纏鬥的日子。

而且，因為身材矮小，他對比他年長一歲四個月、身高正常又身體健康的哥哥西格蒙德（Sigmund）抱有自卑感。

他曾經這麼說：「在我早期的記憶裡，其中一個是，我因為佝僂症裹著繃帶坐在長椅上，而對面坐著我健康的哥哥。哥哥可以輕鬆地跑跳、走動，但我卻連做任何體能活動都很吃力。」

或許正因為自己有過這種生病的經歷。一八八八年，阿德勒立志成為醫生，進入維也納大學醫學院就讀。

阿德勒最著名的論題之一就是「自卑感」。因此，有時也被稱為「自卑的阿德勒」。

這種自卑感是指，和別人相比，主觀地覺得「自己低人一等」，例如：「我討厭自己個子比哥哥矮」、「我討厭自己身體虛弱」。

「短處」是一種客觀的特質，只是有「個子矮」、「患有氣喘」這樣的缺點或缺陷而已。但如果將這些「短處」和別人相比，主觀上覺得「自己低人一等」的話，就會變成自卑感。

然而，阿德勒認為這種「自卑感」並「不是壞事」。重要的是，「如何去活用你的自卑感」。

他認為「正因為有自卑感，才得以成長。能以此作為努力的動力」。

就如同阿德勒本身，即使因身體孱弱產生自卑感，但還是以此為動力成為了醫生。

與弗洛伊德的關係

阿德勒將他的研究領域從眼科轉到內科，之後又轉到了精神科。然後，他遇見了弗洛伊德。然而，阿德勒是弗洛伊德的「徒弟」這個說法，是很常見的誤解。

阿德勒並不是弗洛伊德的弟子。更恰當的說法是，阿德勒在一九〇二年接受了弗洛伊德的邀請，一起進行了九年的研究。

曾經發生過這樣的一個小故事。那是在紐約的飯店裡，阿德勒和因需求層次理論而聞名的亞伯拉罕・馬斯洛（Abraham Maslow）共進晚餐時發生的事情。馬斯洛委婉地問了阿德勒：「你在弗洛伊德的門下學習嗎？」這樣的問題。

據說，阿德勒非常生氣，大聲地反駁說：「我從來沒當過弗洛伊德的學生、弟子或支持者。」

類似這樣的事情，在阿德勒的六十歲生日當天也發生過。

在阿德勒被授予維也納榮譽市民稱號的公開活動上，維也納市長介紹他是「弗洛伊德的傑出弟子」。阿德勒似乎因此感到深受傷害和羞辱。

在弟子們的描述中，阿德勒是一個平時不會勃然大怒，個性十分溫和、寬容的人。因此，可以看出，被視為「弗洛伊德的弟子」，對阿德勒來說是點燃憤怒的導火線。

阿德勒於一九一一年與弗洛伊德分道揚鑣，但在那之後，他並沒有駐足於精神醫學的世界，而是作為一個市井小民，在維也納的自助餐廳與人們聚會並進行了許多討論，藉以深化他的心理學理論。

阿德勒心理學是為了健康的人、普通的人而發展的心理學，而非針對患有心理疾病的人。

此外，在他作為醫生從軍後的第一次世界大戰也是個重要的轉捩點。

一九一六年，阿德勒以軍醫的身分經歷了一場大型戰爭。在那裡，藉由接觸許多傷者和受心理創傷所苦的人們，阿德勒感受到了人與人之間攜手合作的重要性，於是開始關注對人類的培養與教育。他也對兒童教育進行了研究，並認為孩子需要適當的教育和支持來發揮自己的能力、建立社會關係。

與其說他是一個治療病患的精神科醫生，不如說他成為了一個教育家，對「教育」賦予重要性並積極投身其中。

為何阿德勒難以理解

不久之後，阿德勒不僅在奧地利，也開始在德國、英國等歐洲各地進行演講，更在一九二六年的時候，首次前往美國進行巡迴演講。

在當地廣受歡迎的阿德勒，成為了美國一九三〇年代酬勞最高的演講者，並帶著專屬司機周遊美國各地。

阿德勒的書是在這個時期以英文出版的，但是十分難以理解。

這是因為，阿德勒在五十六歲之前都過著跟英文沒有任何關聯的生活，英文並非他的母語。在美國成名後，阿德勒在一九三〇年代的大部分時間都在美國生活，每天都忙著演講。身為一個連提筆寫作的時間都覺得浪費的工作狂，他唯一的興趣就是好萊塢電影。在這樣的日子裡，他的英文已經到了足以應付日常會話的程度。

然而，提到演講和寫作就另當別論了。即使打算將自己帶有德文口音的英文講稿出版成書，但沒有能夠仔細修改原稿的語言能力和時間，所以只能委託給自由編輯。

這就是為什麼阿德勒的書十分難以理解，也是大家覺得阿德勒心理學很難的原因之一。

順道一提，一九二七年在美國由W．B．沃爾夫（Walter Beran Wolfe）翻譯出版的《人性心理學》（在日本分為《人性心理學》和《性格心理學》二冊），是根據阿德勒的演講內容為基礎出版的。

出版這本書的格林伯格出版社（Greenberg Publishing），將其定位為一本「自我啟發（Self-help）」的書籍，而不是一本哲學或科學書籍，所以儘管這本書很難理解，但仍很快地就賣出了一萬本以上。據說在整個一九二〇年代，這本書的銷售量超過了弗洛伊德所有相關書籍的銷售量。

阿德勒就過著這樣的人生，但結局卻來得突然。

一九三七年五月，正在歐洲巡迴演講的阿德勒，從他位於英國蘇格蘭的飯店外出散步，因心臟病發作而倒在街道上，就這樣在救護車上病逝。享年六十七歲。

有心靈創傷的存在

儘管阿德勒心理學從他在世時就在歐美流行了很長一段時間，但在日本的人氣和知名度卻不高。

而改變這一點的契機，應該就是我在開頭所提到的《被討厭的勇氣》這本書了吧。該書以哲學家和年輕人對話的形式解說「阿德勒心理學」，成為了暢銷書。

連同後來出版的《被討厭的勇氣　二部曲完結篇：人生幸福的行動指南》（岸見一郎、古賀史健著，究竟出版），光是在日本國內的銷售量就超過了三百七十萬本，全球銷售量更是超過了一千二百萬本。

然而，就如同《被討厭的勇氣》這個書名所表達的一樣，對於那些在人際關係中感到困擾的人和無法擁有「被討厭的勇氣」的人來說，這本書似乎很受歡迎。

我認為這和日本人所擁有的二種特質有關係。

那就是「同儕壓力」和「認同需求」。

在日本，社會中存在著一種強烈的同儕壓力，人們經常被要求「必須和大家步調一致」，而且，人們普遍有著「想要被大家喜歡」、「不想被討厭」，這種強烈的認同需求。在這樣的背景之下，「擁有被討厭的自由」這句話似乎打動了許多人。

但這其中也有令人困擾的事情。只要聽到阿德勒的名號，馬上就會從初學者口中聽到「心理創傷不存在」理論和「課題分離」。

總而言之，這二種認知都不足以完整理解阿德勒心理學。

事實上，阿德勒的書中也有提到：

「任何經歷，就其本身而言，既非成功、亦非失敗的原因。我們並非因為自身經歷中的衝擊——所謂的心理創傷——感到痛苦，而是從經歷中找到符合目標的意義。我們並不是根據自身經歷來決定自己的，而是根據我們賦予經歷的意義來決定自己。」

在這段話的脈絡中，阿德勒是將「所謂的心理創傷」作為經歷的其中一個例子。

這意味著「不論你經歷過什麼，單憑這個經歷並不能決定你的未來」。

舉例來說，並非所有曾經遭受父母虐待的人，都會走上歹路或過著痛苦的人生。有些人正因為曾經遭受父母虐待，所以下定決心絕不虐待自己的孩子，並付諸行動；還有人致力於推動防止虐待的相關活動。

也就是說，單憑「曾經遭受父母虐待」的經歷，並不能決定往後的人生。

你可以選擇是要往建設性的方向走；還是往非建設性的方向走。

這就是我想表達的。

當然，我們會受到經歷的「影響」。但是，即使受到了虐待的影響，那也不會是人生的「決定因素」。

「心理創傷確實存在，也會受到心理創傷的影響。然而，你可以將它化為動力、當作養分，從而自己決定今後人生的方向。」

阿德勒本人也曾以奧地利軍醫的身分參加第一次世界大戰，並在戰爭期間和戰後治療了許多受到心理創傷所苦的士兵。基於這些經歷，他並未主張「心理創傷不存在」。

「課題分離」並不是人際關係的最終解決方案

另外，該書中的「課題分離」也引發了一些誤解。不過，這樣的誤解或許來自於讀者，而不是作者。

我在這裡簡單說明一下「課題分離」。

假設情侶約會的時候，對方心情不好。有些人就會忍不住地擔心：「我是不是說了什麼不該說的話？」或是：「是不是哪裡惹對方不高興了？」

然而，不管你說了什麼話、採取什麼樣的態度，「不高興」都是對方的問題。即使說了同樣的話、採取同樣的態度，也會有人高興、有人不高興。

因此，那個人「不高興」，是那個人的問題、是那個人的課題，你沒必要去在意。

這就是所謂的「課題分離」。

的確，在人際關係中，如果心情因為對方的態度而隨之起伏，就會被耍得團團轉。

對方也有對方的想法。對方也有自己接收訊息的方式。

重要的是，要去理解這一點，然後不要太過於在意。

而且，只要一想到這是「對方的問題、對方的課題」，就不會過於在意對方的臉色，也就可以依照自己的方式行動、發言了。

因此，這可能幫助了很多人，他們覺得「人際關係變得更輕鬆了」、「只要擁有被討厭的勇氣，就能不去在意別人的臉色，自在做自己」，這點我認為很重要。

然而，對於那些深受人際關係所苦的人來說，「課題分離」並不是「最終解決方案」。

為了「共同課題」而存在的「課題分離」

以父母和孩子之間的關係為例。假設父母跟孩子說：「希望你整理一下房間」，孩子的心情就會變差。

孩子心情不好，是孩子自己的課題。孩子「不整理房間」，也是孩子自己的課題。

然而，這時候如果父母，將課題分離，對孩子採取「我『希望你整理一下房間』，但你是如何接收這個訊息、是否要採取行動，是你的課題，而不是我的課題」的立場。也就是「這是你的課題。不是我的課題」即使事情就此結束，父母覺得輕鬆了，孩子也會覺得被推開了，甚至因此可能會覺得「自己不受重視」。

因此，提議「希望你整理一下房間」，雖然最後決定要不要整理是「孩子的課題」，但父母可以設定「一起想辦法」的「共同課題」。

設定這個「共同課題」，對於那些深受人際關係所苦的人來說，是最終的解決方案，也是非常重要的關鍵點。

「希望你整理一下房間」是「父母的課題」，是父母擅自對孩子施加的期待。至於孩子如何接收它，是「孩子的課題」。

如果父母自己因為「孩子不聽話」而不耐煩，或者單方面地告訴他們「整理你的房間」，就會變成「介入對方的課題」。

在這種情況下，先使用「課題分離」將彼此的課題分開，然後再設定「共同課題」，作為雙方可以合作完成的基礎。

雙方平心靜氣地討論該如何做和最後期限是什麼時候，例如：「在晚餐前整理好」、「如果只是把東西放進箱子裡，整理起來就很輕鬆，這樣你也做得到」等。

「課題分離」是「在人際關係變得糾纏不清後，將其解開的一種方式」。在那之後，始終存在著合作關係。

可以說，「課題分離」是「共同課題」的「初步」階段。

很多父母會感到憤怒，覺得「雖然已經警告過他了，但他就是不聽話」、「明明已經好好地教他了，卻什麼都沒有改變」。

這種「我都已經〇〇了，對方卻沒有改變」的煩惱，不僅僅是在父母和孩子之間，在上司和下屬、朋友、伴侶之間也是很常見的事情。這是導致人際關係惡化的常見原因。

對於這樣的煩惱，先將「我的課題」和「對方的課題」劃分開來（課題分離），然後再平心靜氣地討論彼此應該如何處理，這就是「共同課題」。

雖然似乎只有「課題分離」的某一面被強調並受到重視，但其實它原本是「合作的流程之一」。

很多人都認為「課題分離」是阿德勒的原創，但實際上，它最早的一次出現，是在由我以推廣阿德勒心理學為目的而經營的人類公會（Human Guild），於一九八七年所舉辦的「愛與鼓勵親子關係研討會」（SMILE）上。因為有太多人誤認為「課題分離」是阿德勒所創造出來的處事訣竅，我想在此澄清這樣的誤解。

人類因弱小而結群

阿德勒心理學的本質中，包含了「人類是什麼？」這個問題。

人類是從個體來看很弱小的生物。正因為弱小，所以才會結成群體、互相合作，並學會使用工具，從而在歷史上得以生存下來。

比大象、老虎、熊還要弱小的人類，之所以能夠成為萬物之靈長，就是因為我們結成群體、互相合作。

正因為人類是這樣存活下來的，所以群體、社會和社群的存在非常重要。如果沒有群體、社會和社群，就沒有人類。這就是阿德勒心理學的基礎。

在阿德勒心理學中，最重要的一個概念就是「社群情懷」。

或許有人會覺得「社群情懷」這個字眼聽起來很陌生。如果是有讀過阿德勒心理學相關書籍的人，可能會想「啊！就是那個」。

「社群情懷」是阿德勒心理學中最重要的概念，即使說「首先，你必須要先學會這個」也不為過。

這裡所說的「社群情懷」，是指人類的群體。因此，如果從很小的範圍來說，那就是你的家庭和工作場所。如果從更大範圍來看的話，區域社會、國家也都是社群。

社群情懷是指對於社群中的同伴抱持關心、信任他們，並且希望為他們的幸福與成長作出貢獻的一種信任感、同理心與貢獻感。

此外，也是指對所屬的社群感受到「這裡有我的容身之處」、「在這裡就感到很安心」的歸屬感和感情。

社群情懷是指對這樣的社群有歸屬感、同理心、信任感和貢獻感，這些感覺和情感的總稱。

阿德勒心理學認為，擁有這種強烈社群情懷的人是能思考「我可以為社會做些什麼？」、「為了團隊中的同伴們，我應該做些什麼？」並付諸行動的人。

它也被視為諮詢和教育的目標，也被稱為健康心理的衡量指標。

阿德勒心理學常被稱為「貢獻的心理學」，正是因為它強調這種「社群情懷」。

人類很弱小，所以要努力朝著目標邁進

正如我先前所提到的，人類作為個體，是「弱小」且「不完美」的生物。人類是在「弱小」和「不完美」的意識刺激下，發展出自己的思想和精神而得以生存下來的。

人類沒有像鳥類那樣的翅膀，所以創造了飛機；不能像魚那樣游泳，所以創造了船。

因此，人類有為了彌補「弱小」和「不完美」，而不斷地朝著目標努力的行為習慣。

正因為「作為目標的姿態」和「現況」之間存在著差距，所以會為了接近目標而努力。

每個人都有進化的潛力。

持續不斷朝著目標努力邁進。

這就是阿德勒的想法。

這種「朝著目標努力」的習慣，在人類的行為和情感上也是如此。

舉例來說，假設某位年輕的下屬總是反抗他的上司。在這種情況下，有些人會覺得問題都出在上司身上。然而，即便是同一位上司，如果有會反抗他的下屬，那麼也會有不會反抗他的下屬。因此，問題不會都出在上司身上。

之所以會反抗，是因為這個年輕的下屬有「不想工作」這樣的目的在，只是他的目的、目標是朝著錯誤的、非建設性的方向罷了。

人類的所有行為和情感，背後都有其目的和目標。

這就是阿德勒心理學的思考方式。

另外，有些易怒的人會這樣說：「我一時衝動脾氣就上來了。都是他的錯，誰叫他要說那樣的話。」

然而，這樣的人不是對所有對象都會「一時衝動脾氣就上來了」。

如果對方是女性或弱者的話，你可能會發脾氣，但如果對方是你的上司或身材比較高大的人呢？或許就不會常常「一時衝動脾氣就上來了」。

換句話說，「發脾氣」也是看對象的，背後都有他的「目的」。「發脾氣」的目的，往往是為了「讓對方按照我的意願行動」或「想要改變對方」等。

人類的情感和行為，並非有「原因」，而是有「目的」。

這些都是阿德勒心理學的基礎思維。

百年後仍然歷久彌新

即使過了一百年，阿德勒心理學也沒有過時，反而讓人感覺時代已經越來越跟上它的步伐了。

阿德勒非常重視「橫向關係」。他認為，如果將人際關係視為階級關係的話，會導致失去精神上的健全性。我覺得這種觀念，在現今社會中是很常見的想法。

人與人之間可能存在著「角色差異」，但人與人之間沒有「上下等級」之分，父母與子女、老師與學生、顧問與客戶都是如此。

我經常為商業人士舉辦研討會、培訓和講座，我告訴他們，上司和下屬的差別在於角色，而不是在於職位。上司只是碰巧擁有了「上司」的角色，但這並不意味著他是比下屬更好的人。人與人之間沒有等級之分。

而現在，「心理安全感」這個名詞已經在商業領域中傳播開來了。「生產效率高的團隊，也會有很高的心理安全感」。這個概念因Google的實踐而聞名。

在一個能輕鬆表達自己意見、相互配合且具心理安全感的團隊中，應該更能進行有建設性的活動吧。

這種心理上的安全感，和我之前提到的，阿德勒心理學中的重要概念「社群情懷」，是非常相似的想法。

社群情懷是指對這樣的社群有歸屬感、同理心、信任感和貢獻感，這些感覺和情感的總稱。

也包含了對社群感受到「這裡有我的容身之處」、「在這裡就感到很安心」的歸屬感。

我們也很重視在社會中有容身之處的感覺，以及在這個組織中的安心感。正因為有這種感覺，讓人們能夠充分地發揮自我特質，自在地做出貢獻。

從這個角度來看，我認為「心理安全感」和「社群情懷」之間有很密切的關係。

阿德勒在一百年前所說的話，現在仍以新的方式被人接受，這讓我感到驚訝不已。

貢獻的心理學

人與人之間各有不同，這是理所當然的。能力上也存在著差異，甚至在基因上也有所不同，個性也是一人一個樣。

重要的是要對同伴有信任感，即使是在一個彼此都不同的社群中，也要扮演好自己的角色、思考自己能為同伴做什麼、應該為社會做什麼。這就是社群情懷。

這種社群情懷，是一種不同於「讓我們和睦相處吧」或「讓我們彼此糾纏吧」的思考方式。可以說，它是在信任關係和夥伴關係的基礎上，思考你能為彼此的共同目標做些什麼。

二〇二三年，日本棒球隊贏得了 **WBC**（世界棒球經典賽）的冠軍，應該不少人都還記憶猶新吧，尤其是大谷翔平出色的表現。

這些職業棒球選手的個性和能力各不相同，然而，他們不會為了習慣彼此而保持友好。選手之間並不是「一起開心地去吃飯」或者「一起愉快地聊天」這樣的友好關係。

互相尊敬、互相信任，盡己所能地幫助球隊獲勝。這不正是每個人思考並採取行動的結果嗎？

就像這個 WBC 的例子一樣，為了社群，也就是為了家人、為了團隊、為了組織和公司、為了社會，「自己能做些什麼？」這樣的貢獻視角非常重要。

這正是阿德勒被稱為「貢獻心理學」的原因。

阿德勒心理學必須要去「實踐」

阿德勒心理學也是一門「實踐」的學問。考慮到這一點，認識阿德勒這四十多年來，我一直以商業場合為中心，舉辦各種講座、培訓、研討會等。和阿德勒一樣，我選擇透過與人交談和互動來進入日常生活，而不是關在書房中埋頭研究。

然後，傳達了「阿德勒的想法是什麼」、「阿德勒的目標是什麼樣的世界」等。

很高興能以這樣的形式出版這本書，這可以說是我所有努力的結晶。

由於阿德勒受歡迎的程度，許多相關書籍紛紛出版。然而，其中不乏打著「阿德勒語錄」之名，但實際上並非出自阿德勒本人之口的內容。這些語句卻彷彿是阿德勒本人親自說過的一樣，被廣為流傳。

然而，這本書是《超譯阿德勒》。正如我先前提到的，阿德勒的話往往被認為難以理解。我試著用自己的方式來「超譯」阿德勒的話，讓我們這些生活在現代世界的人更容易理解。

感謝您購買這本書。

如果有找到深深觸動了您的心靈、改變了您的觀點，或是給予您勇氣的字句，請將它們寫下來或記在筆記本上。然後請偶爾再重讀一遍。

當您覺得快要失去信心、想要放棄或遇到困難的時候，這些句子應該能夠帶給您一點力量。

希望這本書能夠對您有所幫助。

岩井俊憲

I 「工作」的意義

contents

II 人際關係的煩惱

contents

III 愛情與伴侶關係

IV 教育中重要的事

contents

V 擁有勇氣

contents

VI 生活風格（性格）

contents

VII 人類是什麼？

VIII 自卑感與自卑情結

contents

IX 關於社群情懷

contents

contents

I 「工作」的意義

001

人生有三個課題

阿德勒心理學中有一個被稱為「人生三大課題」的概念。那就是「工作」、「交友（同伴）」、「愛情、婚姻（伴侶關係）」。

當你長大成人、踏入社會後就會面臨這三個課題。而這三個課題必定都是從「人際關係」衍生出來的。

這是因為一個人的力量是薄弱且有限的，所以我們必須互相合作，才能讓人類這個物種存活下去。因此，「人際關係」可以說是我們存在的核心。

《活著最重要的是什麼》

002

合作與分享

人類應該怎麼做才能繼續存活在這個地球上呢？

這取決於我們是否能找到職業定位、與同伴合作，並採取行動，與彼此分享由此獲得的福利。

此外，這也是一個我們應該要如何自我調適的問題，因為人類以「男性」和「女性」二種性別存在，而人類的未來與存續取決於我們的性生活。

阿德勒心理學認為，生活中的所有問題都跟「工作」、「交友（同伴）」、「愛情、婚姻（伴侶關係）」，這三大主題有關。

《生命意義心理學　上》

003

今天的文明，是前人努力的成果

現代社會所享有的一切文明，都是那些歷來為人類做出貢獻的人們不斷努力的成果。

如果人類是一種不合作、不關心他人，不對社會做出貢獻的生物，那麼人生終將徒勞無功，人類也應該早就從地球上消失得無影無蹤了吧。

為社會與未來作出貢獻的人們，是他們的工作成果造就了當今社會。他們的精神將持續存在，並永垂不朽。

如果我們在教育孩子的時候，將此作為重要的基本原則，孩子們會自然而然地喜歡合作共事。

《生命意義心理學　下》

004

履行自己的責任

「分工」是維持人類社會必要的東西。每個人都必須在自己的崗位上，履行自己的責任。

那些不願意共同分擔的人，會否認社群生活、社會，甚至否定人類的存續。最後，他們會脫離自己身為群體一員的角色，成為破壞和平的人。

「履行自己身為社會一員的責任」，無法做到這一點的人，往往被視為無禮、粗暴、乖僻的人。

而幾乎完全無法做到這一點的人，最終會成為暴徒或罪犯。這樣的人之所以會受到譴責，正是因為他們不適合在社群和社會中生活。

《人性心理學》

005

理解工作夥伴和客戶的需求

工作上的成功，取決於能否適應周遭的人和社會。

在工作中，能夠理解工作夥伴和客戶的需求，並以他們的視角去看、以他們的耳朵去聽、以及用他們的心去感受，這樣的能力是非常重要的。

《活著最重要的是什麼》

006

以某種形式做對社會有所貢獻的工作

所謂正常的人，是指那些能夠很好地適應社會，並且讓自己的工作以某種形式對社會有所貢獻的人。

而且，當發生問題或面對困難的時候，他們也能以充沛的精力和勇氣去迎接挑戰。

《活著最重要的是什麼》

如果總是把自己擺在第一位，是無法成功的

如果這個人是以「想要高人一等」的目的來找工作的話，那麼他將很難找到一份工作。因為很少有工作是不需要服從任何人、不需要與任何人合作的。然而，這個人只會考慮自己，所以他在任何人底下工作都不會順利。而且，這樣的人在商業上也不值得信任。因為他總是把自己擺在第一位，無法把他人和社會的利益擺在第一位。

《活著最重要的是什麼》

008

讓孩子們見識各式各樣的工作

在孩子成長的過程中，讓他們見識和了解各式各樣的工作是很有價值的。從這個過程中，可以看出孩子的行為模式，以及他們擁有社群情懷和勇氣的程度。

《精神官能症問題》

009

「善行」有二種

「想要提升自我」、「想要更接近理想狀態」，這樣的目標，有時會引導人走向人生的建設性面向，但也可能通向非建設性的一面。

舉例來說，當你有「想要做善事」這個願望的時候，有二種可能性。

一種情況是「真的想要為別人做些有益的事」；另一種情況則是「只是單純想要炫耀自己」。

《活著最重要的是什麼》

010

偉大的成就對社會有價值

我們可以區分「想要高人一等」或「想要比現在更上一層樓」的想法，是有益的、建設性的還是非建設性的。

問題在於它是否建立在「社群情懷」的基礎上。

在至今所有遺留下來的偉大成就和具有重大價值的事件中，沒有任何一件是對社群和社會毫無意義的。當我們想到那些偉大的成就和事件時，我們會覺得它們很美好，它們對社會是有價值的。

因此，對孩子的教育，應該以培養他們對社會的連帶意識與社群情懷為目標來進行。

《兒童的人格教育》

011

如何洞察內心的問題

自卑情結幾乎可以被視為一種疾病。它的症狀會因人、因情況而異。

即使一個人有自卑情結，但如果他對自己的工作很有信心，那麼在工作範圍內，通常不會讓人感到異常。然而，如果他們是在人際關係、愛情和婚姻方面有自卑感的話，那麼症狀便會在這些領域中顯現出來。

因此，只要從各方面觀察這個人的行為，就可以洞察這個人內心的問題。

《活著最重要的是什麼》

012

如何面對人生中的挑戰

如果不了解一個人所面臨的問題以及這些問題帶給他的挑戰，就很難對這個人做出正確的判斷。

只有了解這個人如何應對「人生的挑戰」，以及他當時內心的想法，才能了解這個人的本質。

他是否正朝著挑戰前進？是否猶豫不決？是否裹足不前？是否只是惴惴不安地走著？是否只是在找藉口推脫？還是他克服了這些挑戰並獲得成長？又或者，為了以違背社會規範的方式來誇耀自己而選擇無視挑戰？我們可以從以上這些情況中來判斷。

013

不要抱持有附帶條件的上進心

有些人認為「只要我不那麼懶惰，我甚至可以當總統」。這種人的上進心是一種「有附帶條件」的上進心，因為其中包含了「如果……」或「只要……」這樣的條件。這並不能算是真正的上進心。這種人往往過度高估自己，認為自己是對社會有巨大貢獻的卓越人物。

當然，這只是一種幻想。然而，即使是幻想，人類往往也能感到滿足。而那些缺乏勇氣的人，即使是虛幻的，他們也滿足於幻想中的自我。因為他們深知自己的弱點，所以為自己準備好了退路並選擇逃避。透過逃避現實，他們構建出一個比現實更強大、更聰明的幻想自我。

《活著最重要的是什麼》

014

人類共同合作以完成工作，並成爲對他人有幫助的存在

無論是兒童還是大人，大多數人都有與他人建立聯繫、共同合作完成工作，並在社會中發揮作用、做出貢獻的傾向。

這樣的行為最適合用「社群情懷」這個概念來表達。而這種感覺的根源是什麼呢?當然，這可能會引發許多討論，但「社群情懷」可以說是「人類獨有的特性」。

《兒童的人格教育》

015

爲了留下有價値的成果

對於是否具有價值、是否成功的判斷，最終都是建立在合作的基礎上。在我們所有的行為、工作和成就中，自始至終都必須以「是否有助於人類相互合作」的角度來衡量。

《生命意義心理學　上》

生命的意義在於「貢獻」

要解決「生命的課題」，需要具備「合作的能力」。所有課題，在人類社會中，都必須以對人類幸福有所貢獻的方式或方法來克服。

生命的意義在於「貢獻」。理解這一點的人，無論面對多麼困難的挑戰，都能夠懷抱勇氣去努力，並獲得成功的機會。

《生命意義心理學　上》

II

人際關係的煩惱

017

對他人懷有興趣、寄予關心

有些人過著充實的生活。

這樣的人，會充分了解對他人懷有興趣、寄予關心，以及與他人合作的重要性，並以此為基礎付諸行動。

他們會經常與同伴討論，並在此基礎上合作行事。如果遇到困難，也會嘗試從各種方法中找出對社會有益的解決方案。

《生命意義心理學　上》

018

不要獨自生活，也不要獨自面對一切

我們周遭有他人的存在，而我們是與他人聯繫在一起生活的。由於人類作為個體是脆弱且有極限的，因此單憑一己之力無法實現自己的目標。

如果我們試圖獨自生活，並獨自面對所有問題，最終只會走向滅亡。不僅無法維持自己的生命，更無法實現人類物種的延續。

《生命意義心理學　上》

019

對身邊的同伴保持興趣

在人生中遇到重大困難或對他人造成巨大傷害的人，往往都是那些對身邊的同伴缺乏興趣的人。

人類社會中的所有失敗，都是由這樣的人引發的。

《生命意義心理學　下》

020

人類與「共生」的問題息息相關

人際關係的課題總是不斷地從各個方向湧現而來。這些課題都與人類「共生」的問題息息相關。對於個人而言，人際關係的課題總會對其產生某種影響，但相反地，個人對整個社會的影響通常微乎其微。

《人性心理學》

021

「友誼」是培養同理心的重要因素

培養社群情懷的方法之一，就是「友誼」。

透過友誼，我們學會用對方的眼睛去看、用對方的耳朵去聽、用對方的心去感受。

《生命意義心理學 下》

022

重視「對那個人的同理心」

我們所面臨的問題，大多是人際關係的問題。

如果想要解決人際關係中的問題，與其關注「那個人的想法」，不如以「對那個人的同理心」為基礎來與對方溝通。

《生命意義心理學　下》

023

嫉妒存在於各種人際關係中

嫉妒這種情感，不僅存在於男女之間的愛情關係，也存在於所有的人際關係中。

只要觀察孩子，就很容易理解這一點。因為他們想要凌駕於其他兄弟姊妹之上、想要高人一等，所以會讓嫉妒感在心中膨脹，甚至因此產生敵對心理。

《性格心理學》

024

剝奪與限制自由的手段

嫉妒具有不信任與暗中窺視的特徵，可謂是一種害怕自己被輕視的心態。嫉妒或許能在批評或攻擊對方上發揮作用。然而，它真正的目的只是想要剝奪對方的自由、限制對方罷了。

《性格心理學》

025

懷有強烈敵意的人，會讓自己的人生變得艱難

對周遭眾人懷有敵意的人，內心往往充滿不安。

然而，採取這種態度，只會讓自己的人生變得更加艱難，並將自己孤立於社會之外。最終，他們將遠離平穩而充實的人生。

這是因為恐懼和不安會影響人生的各個方面。

《性格心理學》

026

將「羨慕」化爲努力和成長的動力

嫉妒是人際關係中常見的情感之一，而且影響重大。人們之所以會嫉妒，正是因為懷有自卑感。不論是什麼樣的人，都會有羨慕別人的時候。如果只是一點點的嫉妒倒也無妨。這是很正常的事情。

然而，我們必須要善加利用嫉妒的情感。「羨慕」這種情感，應該要運用在努力或面對挑戰的時候。如果是這種類型的嫉妒情感，就不會帶來害處。

換句話說，不論是誰多少都會有點嫉妒心，這是沒有問題的。

《活著最重要的是什麼》

027

虛榮心會讓人誤判現實

當虛榮心超過某個程度的時候，就會變得非常危險。人類會因為虛榮心而誤判現實。

會變成不考慮人際關係，也不和周遭的人交流，只按照自己的想法行事的人。而且會忘記身為一個個體應該如何為社會做出貢獻。

虛榮心和其他的負面情緒不同，它會妨礙人類的各種自由發展。

這是因為，他們永遠只會考慮什麼是對自己有利的。

《性格心理學》

028

野心只是爲了掩蓋「巨大的虛榮心」

「野心」一詞，有時會被用來代替「虛榮」或「傲慢」等字眼。這時候，為了避免造成不好的印象，就會使用野心這個聽起來很美的字眼。

許多人會自豪地談論自己有多麼野心勃勃。在某些情況下，它只是用來表示「努力的態度」。

然而，這種野心只有在「對社會有貢獻的工作或對公眾有幫助的情況」時才會被認可。但在大多數的情況下，野心只是為了掩飾「巨大的虛榮心」。

《性格心理學》

029

以更大社群的集體智慧來思考

如果是以根據常理（常識、集體智慧和良知）判斷與個人判斷來進行比較的話，常理通常較為正確。

我們會根據常理來區分好與壞。即使是在容易出錯的複雜情況下，只要依照常理行事，犯錯的可能性就會比較小。

然而，如果依照個人判斷來行事，就很容易在判斷好壞時犯錯。

《活著最重要的是什麼》

030

學習在社會生活中的重要性

社會生活中的學習與常理之間存在著深厚的關係。

這是因為，運用常理來解決問題，就等於運用社會上累積的集體智慧來解決問題。

《活著最重要的是什麼》

031

考察與同伴之間的人際關係

要理解一個人的內心世界，必須從他與同伴的人際關係來進行考察。

《人性心理學》

032

不要只憑自己的關注行動

我們必須要反對的是那些「只憑自身的關注就採取行動的人」。這些人的態度對個人和團體而言，都是最大的障礙。

無論是在什麼領域，唯有當我們關注身邊同伴的時候，人類的能力才得以發展與發揮。

《生命意義心理學　下》

III 愛情與伴侶關係

033

婚姻是決定共同生活

婚姻就是決定要共同生活，並互相幫忙、豐富彼此的人生。
如果兩個人都能這麼想的話，那麼婚姻就變得具有積極意義。

《精神官能症問題》

034
只有「具備社會性的人」才能結婚

能夠好好地談戀愛或經營婚姻的，只有那些「具備社會性的人」。婚姻生活失敗的原因，大多是因為缺乏「社群情懷」。要解決這個問題，唯一的方法就是當事人做出改變。

婚姻是兩個人的事情。然而，在過往的社會生活中，我們通常只學到如何進行個人或群體的任務，但很少有機會學習二人之間的合作。

然而，即使沒有接受過這方面的教導，只要雙方都能夠以自己的方式提升自身人格，並重視平等的精神，或許就能擁有美好的婚姻生活。

《活著最重要的是什麼》

035

如何避免在選擇伴侶時犯錯

要如何避免在選擇伴侶時犯錯？

在思考這個問題的時候，除了外貌吸引力和行為舉止外，還應該注意以下三點：

是否保持與朋友之間的友誼？

是否全心投入於自己的工作？

是否比起自己，更關心伴侶？

從這幾點中，都可以看出對方「具備多少程度的社群情懷」。

《尋求生命的意義》

036

婚姻需要「同理心」

不論是戀愛或是婚姻，都比社會上任何的人際關係還更需要「同理心」。「站在對方的立場思考」的特殊能力是不可或缺的。

而還沒準備好進入婚姻的人，可以說是那些沒有接受過訓練，學習用他人的眼睛看世界、用他人的耳朵聽聲音、用他人的心去感受的人。

《活著最重要的是什麼》

037

只會批評的人沒有結婚的資格

有許多跡象可以看出婚姻生活是否能順利。

例如，沒有正當理由卻經常遲到的人，這種人是不可信任的。這表示他們仍在迷惘，還沒做好進入婚姻生活的準備。

總是想控制對方。不斷批評對方的人，抱持這種態度的人，也同樣不具備經營婚姻生活的資格。

《活著最重要的是什麼》

038

能爲對方做些什麼

有些人對「人類的幸福」絲毫不感興趣。這樣的人不是以「我能為人類做出什麼貢獻？」或「我能為這個社會做些什麼？」這些問題作為人生的基礎，而是只關心「這對我的人生有什麼好處？」以及「我是否能成為社會所讚賞的存在？」等問題。

而且，他們在愛情與婚姻方面也往往採取類似的態度。

換句話說，他們會這樣問：

「我能從愛情與婚姻中得到什麼？」

039

還沒準備好面對婚姻的人之特徵

要判斷是否有培養出社群情懷，可以回想那些以建設性態度生活的人所擁有的特徵。

以建設性態度生活的人，勇敢且對自己充滿信心。即使面對人生的挑戰，他們也會正面迎擊，並試著尋找解決方案。他們有同伴、朋友，且和周遭的人都相處融洽。

而缺乏這些特徵的人，無法被認為是值得信任的人，同樣也還沒準備好面對婚姻。

《活著最重要的是什麼》

040

嫉妒心強的人，是軟弱的人

嫉妒心是感到「妒忌」，而不是「羨慕」，它會導致人生中非建設性的態度。嫉妒心強的人，怎麼樣都無法成為建設性的人物。

而且，嫉妒的情感，來自於根深蒂固的自卑感。

嫉妒心強的人，沒有能留住伴侶的自信。因此，他們總是試圖透過表現嫉妒的情感來影響伴侶，反而暴露了自己的弱點。

《活著最重要的是什麼》

041

唯有「平等」，才能讓愛情走上正途

正因為有「平等」這個人際關係的基礎，愛情才能走上正途，婚姻也才能夠順利。

《活著最重要的是什麼》

042

「女性化」、「男性化」的錯誤

「女性比較低等」的偏見，可能會被分裂成下列二種概念：「男性化」這個詞，常與有價值、有力量、優秀等概念聯繫在一起。另一方面，「女性化」這個詞，則容易與順從、犧牲、低等等概念聯繫在一起。

這種思維模式，已經深植於人類的思想中。因此，我們的社會傾向於將所有優秀的事物定性為「男性化」；而將任何沒有價值或應該避免的事物定性為「女性化」。

《人性心理學》

043

「女性比較低等」這種偏見所造成的悲劇

一旦偏見在文化中擴散開來，它就會滲透到每個地方，在各種場合中都能感受到。

因此，「女性比較低等」的偏見，以及與之相關的「男性比較優秀」的偏見，至今仍然持續破壞著男女之間的和諧。

結果，這些偏見引發了無謂的紛爭，有時甚至會滲透到愛情中，威脅幸福的可能性，並導致愛情被摧毀，這樣的悲劇並不少見。

《人性心理學》

044

夫妻雙方都不應服從對方

夫妻關係是一種「工作」與「友誼（同伴）」的共同合作。在這段關係中，任何一方都不應該服從另一方。

雖然二人完全平等的關係，可能只是一種理想。但是透過觀察平衡實現的程度，可以作為衡量標準，判斷一個人作為個體是否已經在觀念上取得進步、與理想狀態之間的距離有多遠，以及是哪裡出了錯。

《人性心理學》

045

愛情與婚姻的意義是最親密的奉獻

如果有人問我：「愛情與婚姻的意義是什麼？」我雖然不算完美，但會將其定義如下：婚姻所成就的愛情，是對異性伴侶最親密的奉獻。這其中包含了擁有外貌吸引力、努力成為合適的伴侶，以及生兒育女的決心。

《生命意義心理學　上》

046

婚姻是兩個人的幸福、子女的幸福以及社會的幸福

婚姻應該是實現彼此幸福、子女幸福和社會幸福的伴侶關係。
如果在任何一點上失敗，就很難稱得上是美好的婚姻。

《生命意義心理學　上》

IV

教育中重要的事

047

孩子的能力可以培養和發展

阿德勒心理學具有樂觀的前景。

我們相信，孩子的才能與能力並非與生俱來，而是可以透過培養與發展而逐步提升的。

《校園裡的問題兒童們》

048

以平等的態度對待孩子

我們應該以朋友的身分，或是作為平等的個體，來對待自己的孩子。

《兒童的人格教育》

首先，父母的合作能力很重要

孩子在人類社會中所經歷的第一個「合作」，就是和父母的合作。因此，如果父母的合作能力很差的話，那麼想要教導孩子成為一個懂得合作的人，成功的可能性就相對較低。

《生命意義心理學　上》

050

父母應該表明「世上存在著可以信賴的他人」

父母最初且最重要的任務，就是讓孩子體驗到「世上存在著可以信賴的他人」。之後，父母必須將這份信任感擴展到孩子所處的整個社會，包括家人、朋友、學校、社區，乃至於整個人類社會。

如果父母在首要任務上失敗，未能獲得孩子的關注、愛與合作，那麼，孩子可能會很難培養出社群情懷和與同儕的連結感。

不管是什麼樣的孩子，都天生具備著「關心他人的能力」。然而，這種能力是需要培養與訓練的。如果做不到這一點，或許會不利於孩子的成長。

《生命意義心理學　上》

051

適當的教育需要心理學知識

該如何教育孩子？

這可以說是當今社會最重要的問題之一。也是阿德勒心理學能夠做出巨大貢獻的領域。

無論是家庭教育還是學校教育，其目的都只有一個：發掘每個孩子的個性，並引導他們走向正確的方向。

為了進行良好的教育，心理學知識是不可或缺的。可以說，所有的教育都是心理學中「生存技巧」這個分支的一部分。

《活著最重要的是什麼》

052

不要因爲愛讓孩子變得依賴

父母可以用自己認為適合的方式來愛孩子，但不能讓孩子因為愛而變得依賴。父母有責任將孩子培養成能夠獨立生活的人。因此，從孩子出生不久，就要開始讓孩子接受獨立生活的訓練，這是非常重要的。

如果父母對孩子抱有「即使什麼都不做，孩子也會按照自己的意願行事」的印象，那麼這個孩子將在成長過程中，對愛產生根本性的誤解。

《阿德勒的案例研討會》

053

被溺愛的孩子之特徵

被溺愛的孩子和被嫌棄的孩子都缺乏「社群情懷」，也就是說，他們對他人毫無興趣。

被溺愛長大的孩子，只會關注於「自己的幸福」。而被嫌棄長大的孩子，則從來都不知道「有同伴」，因為他們從未體驗過「同伴的存在」。最終，他們只會發展出以自我為中心的關注。

然而，這些傾向絕非與生俱來。而是透過出生後幾年的經歷學習而來的。這些問題的根源在於，孩子們感到自己並不屬於、也不被任何「社群」接納。在這樣的情況下，孩子的內心無法培養出「作為社會一員」的意識。

《校園裡的問題兒童們》

054

被溺愛的孩子不受歡迎

孩子總是試圖透過脫離圈子（組織或社會）來吸引注意力。因此，被溺愛的孩子在學校裡確實不受同學歡迎。他們可能會被嘲笑，被認為幼稚且不獨立。

即使是在小學階段，也已經可以看出孩子們之間「渴望社群、追求聯繫」的傾向。這是人類無法忽視、不可或缺的習性與能力。

《校園裡的問題兒童們》

培養孩子成爲「社會的一員」

家庭與學校的角色，是教育孩子們成為能夠作為社會一員工作、能夠為人類貢獻的人。

在這樣的家庭和學校環境中長大的孩子，能夠持續擁有直面問題的勇氣，即使面臨人生的挑戰，也能感到安心，成為能夠找到對別人也有好處的建設性解決方案的人。

《生命意義心理學　下》

056

是否擁有建設性的人生目標

任何孩子的生活風格（性格）*都很容易理解和評價。當孩子面臨人生挑戰時，能立刻看出他們是否已經做好應對挑戰的準備。

可以透過是否擁有勇氣、是否具備對他人的同理心，以及是否擁有建設性的人生目標來衡量。

《兒童的人格教育》

*在日文中，雖常被譯為「性格」，但阿德勒本人是用「生活風格」來表述。

057

什麼是孩子成長的衡量指標

「社群情懷」是判斷孩子是否正常成長的重要線索。失去社群情懷的經歷，將對孩子的心智發展造成極為可怕的負面影響。因此，社群情懷是衡量孩子成長是否正常的重要指標。

《兒童的人格教育》

058

學校是連接家庭與社會的橋樑

「學校」可謂是連接「家庭」與「社會」的橋樑。

這麼想的話，我們就能想像這個少年進入社會後的模樣。

社會並不像學校那麼寬容，也不會總是圍著自己轉。

有些人，即使在家裡是個好孩子、在學校成績也很好，但進入社會後就變得一無是處。

進入社會後無法發揮作用的人，往往會因心理問題而受困，甚至可能完全陷入精神疾病的折磨。

看到這樣的人，許多人都會感到震驚。

他可能因為在家庭或和學校中都受到偏愛、一切都很順利，而導致他原本的性情和生活風格的原型被掩蓋了。

然而，當他長大、進入社會並遇到困難時，那被掩蓋的原型就會顯現出來，而正因為這原型以意想不到的方式呈現，才會讓周遭的人感到驚訝。

《活著最重要的是什麼》

059

不可使用體罰

我希望大家知道，我堅決反對任何形式的體罰。

當我鼓勵對方改變的時候，我會試圖了解他在童年早期的狀況，並用「解釋」和「說服」的方法。

跟我相反的做法，也就是打孩子，又能得到什麼好的結果呢？

即使這個孩子在學校裡失敗了，那也絕對不能成為打他的正當理由。

這孩子之所以不識字，是因為他沒有受過適當的教育，即使打了他，也不會有任何教育效果。

他只會學到「如果失敗就會挨打」，因此他可能會為了逃避不愉快的情況，而學會像翹課這樣的行為。

如果試著從孩子的角度來看待「體罰」這件事，就會明白，這只會讓孩子「痛苦、難受」的感覺更加深刻。

《阿德勒的案例研討會》

060

懲罰和說教對孩子沒有好處

在考慮孩子的生活風格形成時，我想指出一件重要的事情。

「懲罰」、「責罵」和「說教」，這些方法對孩子並沒有正面影響。

如果孩子，甚至大人，都不知道「哪裡需要改變」，那麼，再多的責罵也不會有任何成果。

無法理解「為什麼會被罵」、「應該改變什麼」的孩子，只會變得更加狡猾、懦弱。

孩子的生活風格原型，是無法透過懲罰和責罵來改變的。

這是因為，在孩子心中早就已經形成一套認識「賦予事物意義」和「如何接收事物」的習慣和方法，並透過這些習慣和方法來接受「被懲罰」、「被責罵」的經驗。

因此，如果不先理解這些原型和基本的生活風格，就什麼也改變不了。

《活著最重要的是什麼》

061

青春期對孩子來說是個考驗

青春期充滿了各種危險。因此，有人認為青春期會改變一個人的生活風格，但這並不是事實。

所謂的青春期，只是為成長中的孩子帶來新的環境和考驗罷了。

《生命意義心理學　下》

062

只要教育得當，青春期就沒有問題

如果孩子能夠感覺到自己在社會中是一個平等的個體，並透過教育，學會為所在的群體和社會作出貢獻，甚至透過教育，學會將異性視為伴侶、視為平等的個體，那麼，青春期對這樣的孩子來說就不會是一個問題。

因為青春期只是孩子們面對成為大人的課題，以自己的方式思考，並自行尋求解決方法的時期罷了。

《生命意義心理學　下》

063

青春期往往會有「過度行爲」的傾向

在青春期，每個孩子都會認為自己正面臨考驗。他們感到焦躁不安，因為他們必須證明自己不再是個孩子。

這種情感必須要格外注意。

這是因為，當一個人覺得必須要證明什麼的時候，往往會有「過度行為」的傾向。當然，青春期的孩子們，的確也經常做得太過火。

《兒童的人格教育》

064

互相理解是基本條件

我們經常聽到父母抱怨「無法理解自己的孩子」，或者孩子感嘆「從來沒被父母理解過」。

然而，互相理解是人與人之間相互合作、共同生活，最基本的條件。如果人們能夠真正理解彼此，就能在更好、更舒適的環境中共生。

但我們往往對彼此缺乏深入的了解、容易被表面的事情迷惑，甚至被他人的外在表象所欺騙，所以無法順利的共生。

《人性心理學》

065

從事教育工作者應該注意的事項

最終而言，擁有目標就像是「想要成為神」一樣。

然而，「想要成為神」是一個終極目標，可以說是所有目標中的最高目標。從事教育工作者在追求神一般的理想，或引導孩子「成為像神一樣的存在」時，必須注意一件事。那就是，在現實中，孩子會以比神更具體、更貼近的身邊人作為目標。

孩子會找出身邊最強大的人，並努力成為像他一樣的人。

《活著最重要的是什麼》

066

以對社會有貢獻的方式來解決問題的能力

有兩個重要的問題：

第一，「問題行為是從什麼時候開始的？」

第二，「孩子是在什麼樣的情況下，試圖引起他人注意？」

我們必須與他人合作，共同面對人生的挑戰與困難，同時，需要具備以建設性且對社會有貢獻的方式來解決這些問題的思維和能力。

《校園裡的問題兒童們》

067

對自己有適當的信任

有些孩子會猶豫不決、停下腳步、缺乏自信地環顧四周、充滿疑慮、喘不過氣或感到不知所措，這樣的孩子缺乏對自己適當的信任。

從各個角度來觀察孩子，就能更深入地理解這一點。首先，要了解孩子在其他場合是如何展現或運用自我評價。

孩子在什麼情況下會覺得有自信？什麼情況下會感到沒自信？他是否感覺自己有價值或者是否有自卑感？不僅要考察現在的狀況，還要將其與孩子過去的狀態進行比較。

重要的是，我們可以透過這種方式，觀察孩子生活風格的發展脈絡。

《校園裡的問題兒童們》

068

關心他人的幸福

「如何才能成為對社會有意義且具建設性的存在？」

這個問題的答案很簡單。

體諒他人。關心他人。

友誼、對人類的關心、宗教與政治、婚姻、愛情……這些全都是人際關係的課題。在這些領域中，是否能夠關心他人的幸福至關重要。

我們認為難以教育的孩子，往往是那些對他人的幸福缺乏關心的孩子。

這些孩子們缺乏的是社群情懷、樂觀主義和勇氣。

《校園裡的問題兒童們》

069

如何運用與生俱來的能力

從阿德勒心理學的觀點來看，「與生俱來的能力」並沒有那麼重要。

相較之下，更重要的是，在童年時期，「如何運用」這些與生俱來的能力。

《活著最重要的是什麼》

V 擁有勇氣

070

困難並非一堵「牆」，它是「可以征服的」

阿德勒心理學試圖給予我們勇氣與自信。

它告訴我們，生活中所遭遇的困難，並非無法克服的障礙，而是可以對抗並征服的挑戰。

並且教導我們必須要為此努力地去提高自己的意志力。

《兒童的人格教育》

071

失敗是一個「新的挑戰」

重要的是要教導孩子們擁有勇氣、自信、耐心，和「失敗並不是喪失了勇氣，而是一個新的挑戰」的想法。

《兒童的人格教育》

072

建立自信心唯一的方法

身為心理學家，我們的工作就是訓練人們擺脫畏畏縮縮的態度，並建立起自信心。

作為訓練，最好的方法就是「給予鼓勵」。

絕對不要做任何會挫傷自己勇氣的事情。相信自己能夠應付困難的情況，並克服生活中的挑戰，是很重要的。

這是建立自信心唯一的方法，也是克服自卑感唯一的方法。

《活著最重要的是什麼》

073

要經常給予鼓勵

不要用輕率、敷衍的態度去對待孩子。

必須要經常給予鼓勵。

為了不讓現實與幻想之間出現太大的差距，更需要教導孩子們現實生活的重要性。

《兒童的人格教育》

074

不要總想著要走輕鬆的路

所謂的問題兒童，他們沒有可以面對問題的勇氣。也可以說，問題兒童沒有透過建設性的努力來確保自己立身之地的勇氣。

孩子們總是會想要走輕鬆的路。因為在這條路上，即使沒有勇氣也能覺得「自己是有力量的」。

《校園裡的問題兒童們》

075

沒有什麼勇敢的犯罪者

犯罪者有時會聲稱自己很「勇敢」。但可別被犯罪者的謊言所騙而同意這個說法。

所謂的犯罪，就是一個膽小鬼在裝英雄。

犯罪者們試圖在虛構的世界裡炫耀自己的優越感，且往往堅信自己是英雄般的存在。

然而，這不但是錯誤的想法，也是缺乏對一般社會基本常識（共識、集體智慧、判斷力）的認知。

《生命意義心理學　下》

父母的斥責會打擊孩子的勇氣

研究阿德勒心理學的人會告訴你，在養育孩子的時候，既不能太嚴厲，也不能太寵溺。

作為父母，必須要試著理解孩子，時時照看他們，以免他們誤入歧途。在孩子遇到問題的時候，支持他們解決問題，鼓勵他們建立社群情懷，成為能夠為社會做出貢獻的人。

《兒童的人格教育》

077

激發勇氣與自信是神聖的職責

老師有一個堪稱是「神聖職責」的首要工作。那就是確保在學校裡，任何孩子的勇氣都不會受到打擊。已經喪失勇氣的孩子進到學校以後，也能在這個地方透過跟老師的互動重拾信心。

這正是教師這份工作的價值所在。只有與對未來充滿希望與期待的孩子們站在同一戰線上，才能稱得上是教育。

《兒童的人格教育》

078

首先要獲得信任，接著給予鼓勵

老師的首要工作就是獲得孩子們的信任。
然而，在那之後，如果能鼓勵他們就好了。

《兒童的人格教育》

079

相信自己並樂觀地前進

只要堅信自己「可以解決自己所面臨的挑戰」，就會表現出樂觀的傾向。而且這種傾向，在人生的各種場合都會反覆地出現。

從這裡可以看出來的是行動力、想像力，相信他人的力量，以及相信自己的力量。

《校園裡的問題兒童們》

080

勇氣是與生俱來的

我們稱之為「社群情懷」的東西，不過是「與他人緊密連結」的其中一個面向。而我們稱之為「勇氣」的東西，原本就是與生俱來的，是一種能感受到自己是社會一分子的節奏。

《個體心理學技巧 II》

081

社群情懷和勇氣很重要

阿德勒心理學，必須不斷地展示出所謂「社群情懷」和「勇氣」的宗旨。

《兒童的人格教育》

VI 生活風格（性格）

082

生活風格是爲了適應環境而創造的

我們知道，「生活風格（性格）」是為了適應一個人與生俱來的東西（體質、遺傳等）和環境而被創造出來的。

所以，「生活風格」是可以根據你所面對的人和人際關係來改變的。因此，看一個人，必須要全面性地觀察那個人，包括他周遭的環境和狀況等，才有辦法說出這個人的生活風格和特質。

《人性心理學》

083

了解人類的特質

人類的特質是可以被解析的。為此，必須要去了解兒童時期創造出來的生活風格，並確定在創造的過程中受到了什麼影響。

並且要去觀察，這個生活風格在出社會後，面臨工作和家庭生活等因素所引起的問題時，會如何發揮。

《尋求生命的意義》

084

生活風格會在遇到麻煩的時候顯露出來

你有沒有遇到過「什麼！他竟然是這樣的人！」這種情況呢？一個人的生活風格，會在陷入恐慌中或遇到麻煩的時候顯露出來。可以說，這樣的場合，正是了解這個人的最佳機會。

《活著最重要的是什麼》

085

人們會創造記憶

即使經歷過各式各樣的事情，我們往往還是會有某些特定的偏頗想法。這是因為，我們總是透過自己獨特的思考方式和對事物的看法來獲取經驗，而這種思考方式和對事物的看法，是根據自己的生活風格來的。更進一步說的話，它甚至是朝著強化這個生活風格的方向去發揮的。

人們會創造記憶，並根據自己的生活風格去解釋現象，或將不符合生活風格的東西從記憶中排除，只接收並記住符合生活風格的東西。

人的記憶並不像照片那樣，可能會說沒發生過的事情發生過，而發生過的事情沒發生過。

《人性心理學》

086

改變生活風格原型是很困難的

要擺脫人生最初學到的生活風格原型是很困難的。

幾乎沒有人可以改變這種原型。

即使覺得長大成人後似乎發生了變化，但那也只是在不同的狀況下，以不同的方式表現出來罷了。

於是你會覺得生活風格好像改變了。

然而，這並不是生活風格改變了。儘管它們看起來像改變了，但其實還是來自同一個原型。

人類不論是在兒童時期，抑或是長大成人後，都會朝著相同的目標、做出相同的言行。

《尋求生命的意義》

＊我在〈前言〉裡面也提到過，阿德勒晚年給人的印象是容易親近而溫和的。但是，當被問到「你是佛洛伊德的弟子嗎？」時，他就會大發雷霆。這或許正是小時候養成的生活風格顯現出來的時刻吧。以中文來說，「露出原形」是比較貼切的形容。

087

透過與他人的關係來了解這個人

只要了解一個人是如何與他人互動、如何與他人合作，以及最後有什麼樣的成果，也就自然可以了解這個人。

而與社群情懷有所抵觸的力量，就是對權力與優越感的過度追求。社群情懷的大小以及對權力與優越感的追求強度，這兩個因素形成了人與人之間的差異，而這些差異所呈現出來的方式就被稱為「生活風格」。

《性格心理學》

088

掌握發言和舉止的整體狀況

不要根據發言和舉止的某一部分來判斷一個人的整個生活風格。因為那只不過是整個生活風格裡的一部分罷了。

要掌握生活風格，不妨從一個人「為實現目標而努力的行動」與「可視為自己生活方式的思考方式」中尋找線索。

只要知道兒童時期的言行背後所隱藏的目的，就可以知道這個孩子長大後的言行的根本目標，也就可以從整體上了解他的發言和舉止了。

《人性心理學》

089

當生活風格改變的時候

生活風格是人生最開始的那幾年間所發展出來的，是無法改變的。*
但如果可以改變的話，也是當一個人在成長過程中理解到自己的錯誤，以為全人類的幸福做出貢獻為目的，開始與他人互動時。

《尋求生命的意義》

* 阿德勒曾將這段時間定義為四到五歲左右，但現在的阿德勒心理學認為大約是十歲左右。

090

人，既是畫，亦是畫家

每個人都有統一的個性。然而，表現形式卻又各有各的獨特性。

就像這樣，人既是一幅畫，亦是以自己獨特畫風描繪出這幅畫的藝術家。

但即使你作為藝術家做得十分完美出色，也無法斷言你作為一個人類是絕對正確的。

說穿了，人類就是脆弱、容易犯錯、不完美的個體。

《兒童的人格教育》

091

即便是在同一個父母身邊長大，兄弟姊妹的成長過程也各不相同

我們常見的錯誤，就是認為同一個父母所生的孩子，就會在同一個環境中長大。當然，由於他們是同一個父母養大的，所以還是會有一些共同點。

然而，每個兄弟姊妹的狀況都不同。在成長過程中，會有和其他孩子們不同的經歷和不同的看法，這是因為根據兄弟姊妹的排行（長子女、中間子女、老么、獨生子女）不同，自然有所差異。

《精神官能症問題》

092

有個簡單的方法，就是用類型來分類

將人分為不同類型，只是一種簡單的手段，可以在某種程度上將相似的人集中在一起，以便容易理解。

《活著最重要的是什麼》

093

保持樂觀

樂觀主義的人，是指那些性格大致上直來直往的人。

無論遇到什麼困難，他們都會勇敢地面對，不會感到無謂的焦慮或過度的悲傷。充滿自信、對人生抱持建設性的態度。不會對周遭的人有過分的要求。

因為相信自己的能力、不認為自己是微不足道的存在，所以不管他們遇到什麼樣的困難，都會比那些不斷覺得覺得自己軟弱又不完美的人們，更能承受得住，並且可以保持冷靜，堅信即使犯了錯，只要再挑戰就好了。

《性格心理學》

094

悲觀的人活得很辛苦

可以說，悲觀主義的人會引起教育困難的問題。

這個類型的人，由於兒童時期的經歷和從中獲得的自我認知而產生自卑感，由於印象過於強烈，會覺得「活著好痛苦」、「人生好難」。

悲觀主義的人以不健全的方式或經歷過慘痛的經驗被扶養長大，因而產生了「悲觀的看法」，於是他們不論何時都對人生抱持著悲觀、負面的態度。儘管世界上的事件本來就同時存在正負兩面。

最後，他們更加意識到生活的艱難和人生的痛苦，輕易地喪失了勇氣。

《性格心理學》

095

善妒的人會推卸責任

善妒的人，總是試圖搶奪他人的東西、貶低他人、妨礙他人。並且傾向於為自己沒有做到的事情找藉口，有時候甚至會把責任推卸給他人。

《性格心理學》

096

貪婪就是不願意犧牲奉獻

「貪婪」這個詞，不僅僅是「積極地去增加財產」的意思。也意味著一種無法為他人犧牲奉獻的態度。

因此，貪婪的人不願意為社會和他人犧牲奉獻。

而且，為了守住自己那為數不多的財產，在自己與周遭的人之間築起了一道道高牆。

《性格心理學》

097

不要屈服於他人的焦慮

當他在傾訴焦慮的時候，通常都需要有人陪在他身邊。

當有人回應了那個焦慮，而無法離開現場的時候，可以說，回應的那個人已經屈服於他的焦慮之下了。

《性格心理學》

098

焦慮的人，只是些微的變化也會讓他感到焦慮

焦慮的人，只會擔心自己的事情，而幾乎不會考慮到他人。如果他們學會了逃避生活中所遇到的困難，那麼，不斷疊加的焦慮就會變本加厲、變得不可動搖。

有些人在要開始做一件事的時候，第一個感受到情緒的就是「焦慮」。

這樣的人，只要平常的狀況稍微有些變化，就會開始感到害怕。

《性格心理學》

099

強烈的情緒也有它的意義

所謂的「情緒」，是指行為和情感過於發達。當精神這個器官受到強大的壓力時，就會像突然爆炸般地表現出來。

因此，就像行為和情感一樣，情緒並不是神祕而無法理解的現象，而是有「目的」和「前進的方向」。

情緒總是有「意義」的。它會以符合這個人的生活風格和準則的形式出現。它的目的是，改變周遭的狀況和人際關係，使其變成「對自己有利的情況」。

《性格心理學》

100

悲傷也有它的目的

所謂「悲傷」這種情緒，是指被搶奪、失去了某些東西時，當那些是無法被輕易治癒的東西時，所感受到的情感強烈爆發。

這樣的悲傷也有它的目的。內心會因此渴望消除不適感和無力感，以便創造出更好的情況。

《性格心理學》

101

眼淚可以讓人們聚在一起，也可以讓人們分道揚鑣

「焦慮」在人類生活中具有重要的意義。焦慮和「悲傷」一樣，可以是使人們分道揚鑣的契機；也可以是讓人們聚在一起的催化劑。

悲傷有兩種作用，有像「同情」一樣吸引人的時候，但當眼淚攻勢讓人覺得「很麻煩」的時候，就會讓人望之卻步。

這就是為什麼人們說它是很複雜的。

《性格心理學》

102

憤怒是因爲「想要支配他人」

「憤怒」是一種象徵人類追求權力時產生支配欲的情緒。

憤怒的人會明顯地表現出想要「迅速、全力地解決」現在所面臨的問題的迫切姿態。

如果你有這樣的知識，就會知道，所謂「在氣頭上的人」就是「竭盡全力想要展現出優越感的人」。

想要獲得肯定的努力，往往變成想要獲得權力的陶醉感。

這一類的人，只要覺得自己的權力（覺得自己是有力量的）受到一丁點威脅，就會勃然大怒。

他們從以往的經驗中感受到，展現怒火是最能支配他人去遵從自己意識的方法。

《性格心理學》

103

拘泥於細節的人

基本教義派者並非在所有事情上都不成熟。但在基本教義派者中存在著不成熟的類型。

這些人試圖根據某個原理來理解所有的事情，無論遇到什麼狀況都根據這個原理來行動。他們認為這個原理永遠都是對的，也從不偏離這個原理。因此，如果日常生活中的每一件事沒有都依循他們熟悉、覺得正確的方式進行的話，就會覺得不開心。

抱持這種態度的人，大多是一些拘泥於瑣事和細節的人。

《性格心理學》

104
耍小脾氣是對母親的反抗

在諮詢中，有一位輔導員報告說：「這個孩子明確地說『我就是喜歡耍小脾氣』」。

這是因為這個孩子缺乏與社會之間的連結，所以耍小脾氣就成為他唯一被允許的手段。

耍小脾氣這件事，是他拒絕母親的最佳方法，所以他喜歡耍小脾氣。

《阿德勒的個體心理學講座》

VII　人類是什麼？

105 人類是「群體生活」的動物

人類一直都是「群體生活」的。

事實上，如果考慮到「人類作為個體是無法保護自己的。作為個體弱小的生物，為了要自我保護，所以會成群結隊」的話，也就不足為奇了。從歷史的角度來看人類，就會明白這一點。

如果把人類當作動物的物種來看的話，是一個過於脆弱又危險的存在。比人類還要巨大、強壯、身體能力更好的動物不在少數。只要把人類和獅子放在一起比較，應該就能很清楚地了解雙方差距。

達爾文*透過觀察發現，沒有能力保護自己的動物都會成群結隊生活。猩猩的力氣很大，所以只和另一半一起行動。另一方面，比猩猩還要弱小的猴子，就成群而居。

「群體生活」就是用來代替「爪子」、「牙齒」、「翅膀」的存在。

《兒童的人格教育》

＊查爾斯・達爾文（Charles Robert Darwin）（一八〇九年－一八八二年）。英國自然科學家，提出了進化論。

人類是特別脆弱的動物之一

達爾文認為「弱小的動物無法獨自生存」。

人類也是特別脆弱的動物之一，因為人類還沒有強大到可以單獨生存。

人類在自然界裡，是過於脆弱、無力的存在。

為了要維持生命，必須要藉助許多的文明手段和工具。

想像一下如果你在沒有文明手段和工具的幫助之下，要在深山裡生活，就很容易可以理解這個事實。

可以說人類與其他動物相比，是處在過於危險的狀態。既沒有可以戰勝其他動物的快腿、也沒有強大的力氣。更沒有猛獸的獠牙、敏銳的聽覺、可以遠眺的視力。

人類這個族群要生存下來、防止滅絕，需要付出很大的努力。

《人性心理學》

107

共生和分工是人類不可或缺的

現代人只有在妥善維護過的環境中才能生存。創造出這種「妥善維護過的環境」的，正是使「共生」成為可能的「分工」。因此，這兩者對人類來說都是不可或缺的。

「共生」和「分工」正是自然界其他生物用來攻擊和防禦的武器，也是人類賴以生存的東西。

它讓今天我們稱之為「文化」的一切得以產生。

《人性心理學》

108

弱者會聯合在一起

即使是動物，處於不利狀況的生物也有很強的聯合傾向。弱者會聯合在一起。於是，透過聯合，就誕生了「新的力量」。

這個「新力量」讓弱者得以生存。人類與「社會」和「群體生活」的緊密聯繫，可以說是人類「脆弱」的本質。

《校園裡的問題兒童們》

109
人類的精神和思維發展取代了銳角與獠牙

「人類」這個原本就和動物處於相同環境中的物種，如果為了要在嚴峻的自然界中生存，而必須進化出銳角、爪子和獠牙，那麼生存將會是極其困難的一件事。

然而實際上，人類已經成功地進化出了心靈、精神、頭腦。這些能力彌補了作為有機體的人類所不足的部分。

於是，透過不斷地意識到自己的「不完美」、「低等」，人類得以發展出預見能力，精神也得以發展為思考、感覺、行動的器官，建立了群體也形成了社會。

因此，精神能力只有在社會中才能得到發展。
人類的任何精神，都必須要遵循社群和社會秩序。

《人性心理學》

110

正因爲有語言，所以可以思考

「語言」有很深遠的意義。邏輯思考也是因為有語言才得以成立。因為有語言，所以才能思考、創造概念。

如此一來我們就可以區分所有事物，將自己腦袋中的想法與別人共享，而不再只是自己獨有的東西。

我們的思考和情感也都不是每個人獨自擁有、獨一無二的東西，只有在某種程度上被認為是普遍而共通的東西時，才能被理解。

看到美麗的事物並表達我們對美麗的感動，也是因為我們知道可以與他人分享對善與美的情感和認知。

理性、邏輯、倫理、美感的概念，都因為在人類社會共同生存的前提下才得以成立。

與此同時，這些概念也起到保護我們的文化免於崩壞，並將我們團結在一起的作用。

《人性心理學》

111

「社會適應」心理學

個體心理學，或者說阿德勒心理學*的目的是「社會適應」。或許有些人會覺得以「個體」心理學為名，和「社會」是相互矛盾的。但這其實並不矛盾。如果不關注實際問題、個人的心靈、意識、精神的話，就無法理解社會的重要性。個體只有在社會中才能成為個體。

在其他心理學領域中，對個體和社會做出了區別。

個體是個體、社會是社會。

* 在歐美國家，稱之為「個體心理學」（Individual Psychology）。但在日本，因為「個體」這個詞是只為了個體的心理學，和「社會」對比，兩者間有很強烈的細微差異，因此通常被稱為「阿德勒心理學」。

個體心理學，可以說是一門分析個體生活風格（性格），同時又保持「社會適應」觀點的學問。

《活著最重要的是什麼》

正因爲「可以活動」，所以才有心

「心靈、精神」只存在於可以活動、活著的有機體中。「心靈、精神」和「自由活動的能力」有著密不可分的關係。

深深向下扎根的植物，不存在著情緒和思考能力。植物從來不會說「雖然無法動彈，但知道痛苦即將來臨」、「明明可以預測到痛苦的事情，但卻無法保護自己免於受難」，「雖然擁有理性和自由意識，但我們不該使用它們」等。

「心靈、精神」和「自由活動的能力」有所關聯，所以我們可以很清楚地區分「沒有」心靈、精神的植物和「有」心靈、精神的動物。

《人性心理學》

113

人類爲追求「完成、完美」而努力

阿德勒心理學無法排除「人類的進化」。和其他動物相比，人類已經有了顯著的進化。人類因不完美和脆弱而「為追求完成、完美而努力」的行為，支持了這一點。

人類渴望「生存」的欲望和「為追求完成、完美而努力」緊密結合。所以我們人類的言行舉止，總是試著將消極的情況變成積極的情況。

《尋求生命的意義》

人類從嬰兒時期就開始不斷地努力成長

精神正是因為「動」所以存在，並以追求「目的」而努力。所謂的人類，其實從小嬰兒的時候就開始不斷地努力成長。

所謂「目的」，可以說是力求完美、力求變得優秀、力求更接近理想。這種目的和努力，會運用人類獨特的「思考」和「想像」能力，持續貫穿我們這一生的所有行動。

《兒童的人格教育》

115

情緒是有「目的」的

我們要清楚地意識到，人類只有在設定「目的」的時候才會產生情緒。

《人性心理學》

內心的「原因」和「結果」不一致

人類會透過修改事件和經歷來適應自己的特性。因此，人類「感受到了什麼」、「是如何感受到的」，可以顯現出這個人獨特的特性。

人類的認知和理解，並不是單純的物理反應。

不像物理學中的「用火加熱↓沸騰」，人類反應的「原因」和「結果」並不一致。即使給予相同的刺激，也會有不同的反應。這就是精神機制。

因此，一個人「感受到了什麼」、「是如何感受到的」，其方法、種類和狀態都能成為深入了解那個人內心的線索。

《人性心理學》

117

理解驅使這個人的「目的」

我並不贊同行為主義者*所提倡的「本能的條件反射」和「衝動反應」的觀點。即使給予相同的刺激，也不會出現相同的反應。這就是物理反應和人類反應之間的差別。當有人插隊的時候，女性可能會生氣，而害怕的人可能會保持沉默。這種事情是可能會發生在人類身上的。

以「反射」和「反應」去決定一個人的命運和生活風格是沒有意義的，必須要去理解驅使這個人的「目的」是什麼。

《活著最重要的是什麼》

*「行為主義」是心理學的一個流派，研究的對象不是情緒和動機等內在的東西，而是看得見、觀察得到的「行為」。

不幸是自己選擇的

有些人表現得好像只有自己被不幸之神附身一樣。

例如：在暴風雨的日子裡，覺得只有自己會被雷打中；總是擔心害怕，覺得小偷一定會潛入自己的家。

這樣的人，只要在人生中遇到不如意的事情，就會覺得好像是不幸選擇了自己。其實不然，是他選擇了不幸。

《性格心理學》

119

如何看待「經驗」，會因爲孩子的不同而有所不同

孩子在成長過程中，有著自己獨特且高度個人化的解釋（也就是看待事物的方法）。

重要的是要記住，當遇到新的難題時，孩子會以自己的方式來解釋並付諸行動。

某些經驗（例如：妹妹或弟弟的出生）對孩子影響的深度和類型，並不取決於客觀的事實和狀況，而是取決於這個孩子是如何看待這個「經驗」。

第二個孩子出生的時候，「想要照顧第二個孩子」，還是「想要向父母撒嬌」，又或者是「想要自立」，都會根據孩子的不同而有所不同。

因此，可以說有足夠的證據來推翻「因果論」，「結果A，有一個明確的原因B」等觀點。

《兒童的人格教育》

120 人對事物的看法各不相同

人們看待事物、理解事物的方法各不相同。每個人都以自己的方式來看待事件和經歷。

所以重要的並不是那個人「有什麼樣的經歷」，而是「如何看待這個經歷」。

《尋求生命的意義》

121

要如何充分利用被賦予的東西

對人類來說，重要的不是「你與生俱來的能力」，而是「如何運用你被賦予的能力」。

《精神官能症問題》

122

「經歷的意義」取決於自己

無論經歷過什麼事情，這個經歷本身都不會成為成功或失敗的原因。可以說，我們並不是因為自己遭受的打擊而受到創傷，而是從那個經歷中找出符合自己目的的東西。

也就是說，並不是「正因為有了那個經歷，所以才有這個現實」，而是「為了符合這個現實，以自己的方式去理解那個經歷並賦予意義」。

即使有相同的經歷，也並非每個人都會受到相同程度的創傷。而且，你可以自己選擇，是「正因為遇到了這樣的事，才能為社會做點什麼」，還是「因為遇到了這樣的事，所以再也站不起來了」。經歷的意義是由你自己決定的。

《生命意義心理學　上》

123

心靈和身體互相影響

阿德勒心理學是一門試圖從整體上理解一個人一生的學問。

不要將「理性」與「情感」、「心靈」與「身體」分開考慮。身體一旦受傷，精神也會受到影響；精神一旦遇到困難，身體也會受到影響，出現胃痛或肚子痛等症狀。

因此，阿德勒心理學是一門全面審視人類的學問。我們認為，一個人對待生活的態度會呈現在他的每一個反應、行為、情感當中。

《活著最重要的是什麼》

124

心靈和身體都是「生命」整體的一部分

阿德勒心理學家們，將心靈和身體視為人類生命的表現。心靈和身體都是「生命」整體的一部分。而阿德勒心理學試圖從整個人類和全體生命的角度，去理解心靈和身體相互影響的相互關係。

《生命意義心理學　上》

125

意識與無意識並不衝突

「意識」與「無意識」並非對立的存在。我們認為意識與無意識，在一個人的心中並非正反兩面的存在。

有意識的生活，往往會在不知不覺中變成無意識的東西。另一方面，即使是無意識的行為，一旦理解了那個傾向，也會變成有意識的。

《精神官能症問題》

VIII

自卑感與自卑情結

人因自卑而發展

在自然界的眾多生物中，人類是「低等」的生物。既沒有巨大的身軀，也沒有銳角和獠牙。更沒有過人的跑步速度。而正因為「低等」，所以人類時常抱持著「不足」、「不安全」的意識。

由於時常抱持著這樣的意識，所以為了適應環境、創造安全的生活條件，想了各種方法和對策來防範、抵抗外敵。

人類之所以有適應環境、創造安全場所的能力，都要歸功於人類「精神」的發展。

《人性心理學》

127 「生命」以補足並延續爲目標

在醫學領域，器官被認為是向著某個特定目的去發展的。而發展完全的器官，都有它們各自獨特的型態。

並且具備有當器官出現某方面缺陷的時候，去補足這些缺陷的能力，或者會由其他器官試著來取代這個有缺陷的器官。例如：視力不好的人，嗅覺和聽覺會比較發達。

不論何時，「生命」都以補足不足的部分並加以「延續」為目標。

而且，「生命」的力量絕不會不做任何抵抗就屈服於外在壓力。

精神也與器官有相同的功能。

精神也有其「目標」和「理想的狀態」，並試圖朝此邁進。努力克服缺陷和問題以實現其目標。

因此，人類的行為和情感都一定有它的目標和目的。

《活著最重要的是什麼》

128 人類的所有社會文化都來自於自卑感

「自卑感」並不是不正常的。相反地，它是人類進化過程中一個很重要的因素。

例如：科學的進步，正是因為人類有「想要知道未知的事情」、「因為對未來感到不安，所以想要做好準備」的願望，才得以成立。

也正因為有這樣的慾望和科學的進步，才改善了人類作為物種的命運。因此可以說，人類的一切社會和文化都來自於自卑感。

《生命意義心理學　上》

129

因爲自卑感而產生上進心

正因為抱有自卑感，覺得自己「不完美」、「軟弱」、「不安全」，人類才得以設定目標。

即使是在剛出生的時候，我們也有突出自己以吸引父母注意、強迫父母照顧自己的傾向。嬰兒的這種行為，可以說是一個人「努力獲得認同」的最初行為徵兆。

人類因為受到自卑感的刺激而產生上進心。渴望成長，並為此而努力。

《人性心理學》

130

自卑感是健康的證明

自卑感不是一種病。可以說，你之所以有今天，都是拜自卑感所賜。

倒不如說，擁有自卑感正是健康、健全的證明。我希望你能意識到，是它激勵你不斷地努力成長到現在。

《活著最重要的是什麼》

131

當自卑感成爲問題的時候

每個人都有自卑感。所以，自卑感本身並沒有問題。相反地，它會成為一個能夠帶來健全且建設性的上進心的契機。

當從自卑感衍生出來的無力感太大時，自卑感就會成為一個問題。而當它大到扼殺了上進心時，就會變成一種病態。

《活著最重要的是什麼》

132

朝著理想邁進

「想要變成理想的狀態」、「想要進步」，這些願望正是人類所有行為的動機來源。

這些願望成為人類賴以生存的一條粗線，引導我們從下到上、從消極到積極、從失敗到勝利。

而且，只有把「想要變成理想的狀態」、「想要進步」這些願望，變成「讓他人也變得幸福」、「讓他人也變得富裕」的方式去行動的人，才是實質意義上最能克服人生挑戰的人。

《生命意義心理學　上》

133

自卑感過於強烈的話就會變成自卑情結

自卑情結與優越情結中的「情節」一詞，僅僅是用來表示「極度強烈」的意思。

當自卑感過於強烈時，就會變成「自卑情結」，而當「想要更進步」、「想要爬得比別人高」的想法太過於強烈的時候，就會變成「優越情結」。

從這個角度來看，應該就能理解一個人的內心裡，會同時存在「自卑情結」和「優越情結」這兩種看似矛盾的感受了吧。

《活著最重要的是什麼》

134

「想要高人一等」的欲望太過強烈的話，就會變得病態

當自卑感太過強烈的時候，焦慮就會被過度放大，不僅是想彌補自己不足的部分，也會有做得太過火的時候。

最後，對於權力和「想要高人一等」的渴望就會變得極端和病態。

《人性心理學》

135 自卑情節的定義是什麼？

自卑情結有個十分明確的定義。

所謂的自卑情結，是指當一個人無法良好地適應當前的環境，或者是遇到了問題而還沒有準備好解決方法的時候，所表現出來的狀況。

而這也加強了「我無法解決這個問題」的信念。

《生命意義心理學　上》

136

生活中沒有建設性的感受

自卑情結和優越情節之間有一些共通點：兩者都是生活中沒有建設性的感受。

《活著最重要的是什麼》

137

虛榮和自戀的眞面目

所謂的優越情節，不過就是虛榮、自戀和自以為是罷了。它會導致人們在生活中走向沒有建設性的方向。

優越情節所帶來的是虛偽的滿足感和成功。

《活著最重要的是什麼》

138

視力差也能成爲畫家

生理上的弱點，對心理也有很大的影響。

例如：視力不好的孩子們，對看得到的東西會比一般人更感興趣，會更仔細地去觀察顏色、陰影、質地和透視法。這其中有些孩子成為了畫家。事實上，有很多畫家的視力都不是很好，或是有遠視或色覺辨認障礙的傾向。

這可以理解為，因為障礙，所以想像力迫使孩子跨越了困難。

《校園裡的問題兒童們》

問題在於他們身邊的大人缺乏理解

在孩子遇到重大的困難時，「世界是艱難的、痛苦的」這樣的印象會不斷被強化。

這種情況特別容易發生在有聽障、弱視、異位性皮膚炎、氣喘等等，生理器官相對比較差的孩子身上。

由於生理器官較差的影響，孩子們很容易患上各式各樣的疾病。

然而，造成困難的原因並不只是孩子們的「器官衰弱」。

有時是因為周遭的人們缺乏理解，試圖強迫孩子做一些不可能的事，又或者是輕率地交付他們難以克服的挑戰。

換句話說，有缺陷的是孩子們周遭的環境。

想要試著適應環境的孩子，會發現一些讓他們難以適應的障礙。例如：已經喪失勇氣的孩子們，卻在充滿悲觀主義的環境下成長。

《人性心理學》

如何克服自卑感？

自卑感，與沒有接受過為了在社會中生存所需的教育和訓練，有著很緊密的關聯。因為無法適應社會，而產生了自卑感。

因此，要克服自卑感，就必須要接受在社會中生存所需的教育和訓練。

《活著最重要的是什麼》

IX 關於社群情懷

141
首先，要理解社群情懷

在學習阿德勒心理學的時候，首先必須要了解「社群情懷」這個概念。因為這是最重要的事情。

只有那些有勇氣、有自信，認為世界上有「自己容身之處」的人，才能同時發揮生活中好的一面和壞的一面。

這些人無所畏懼。他們知道生活中一定會有困難的挑戰，更知道自己有能夠克服這個挑戰的力量。

他們已經準備好迎接生活中的所有挑戰。

《活著最重要的是什麼》

142

合作具有拯救人類的作用

所謂的適應社會生活，就像「劣勢與自卑感」的問題與光和影的關係。人類作為生物，既弱小又低等，所以人類創造了「社會」。結果，變成了比其他生物更強大的存在。

從這個角度來看，可以說「社群情懷」和「社會合作」，在拯救作為個體的人類方面發揮了作用。

《活著最重要的是什麼》

143 社群情懷是慢慢培養出來的

社群情懷是慢慢培養出來的。

只有那些從小就接受培養社群情懷的訓練、並被教導在生活中要朝著建設性方向努力的人，才能真正擁有社群情懷。

《活著最重要的是什麼》

144

培養社群情懷的價值

培養社群情懷的價值，再怎麼強調都不為過。

這是因為「智慧」是和社會相關的功能。

如果能夠透過培養社群情懷，而讓你感到「自己是有價值的」，也就能勇敢並樂觀地看待事物。這是一種變得能夠接受人類所有「優點」和「缺點」的感覺。

人類之所以覺得自己的人生是美好的，覺得自己的存在是「有價值的」，是因為這個人對社會做出了貢獻。他所克服的不僅僅是他自己一個人，而是克服了對整個社會和全人類的自卑感。

《精神官能症問題》

145

在成長過程中社群情懷是不可或缺的

我們在評價一個人的時候，會從他們「對社會來說是否是理想的人」的角度來看。換句話說，能夠用適當的方法去克服挑戰的人，都是有高度社群情懷的人。

如果不培養社群情懷並活用它的話，任何人都是無法成長的。

《人性心理學》

146 宗教的貢獻

人類一直在努力增加社群情懷，而宗教在這方面做了很大的貢獻。阿德勒心理學也得出了相同的結論，但也同時提出了增加社群情懷的科學方法。

《生命意義心理學　上》

147

如何過著不焦慮的生活

「焦慮」這種情緒，只能透過個人歸屬於社群（組織或社會）來消除。只有覺得自己屬於某個組織或社會、「有容身之處」的人，才能過著不焦慮的生活。

《性格心理學》

148

建設性的努力

如果試著比較社群情懷有發揮作用和沒有發揮作用的情況差異，我們就會明白了。

只要沒有強烈的自卑感，孩子就會想要變成有價值的人，並嘗試活出有建設性的生活。這樣的孩子們會變得能夠關心他人。

社群情懷和社會適應可以適當地彌補自卑感。

《活著最重要的是什麼》

149

沒有培養出社群情懷的孩子

不論是身體有殘疾的孩子、成長過程中被忽視的孩子、被過度溺愛的孩子等，都有另一個共同特徵，那就是社群情懷微乎其微。

其中最大的特徵是，他們會考慮自己多過於考慮別人。

這些人通常會傾向於對世界抱持悲觀的看法。除非改變他們錯誤的生活方式，否則生活不會幸福。

《人性心理學》

150

不要過度追求權力和聲望

我們可以從一個人的言行舉止，去了解這個人社群情懷的程度。程度高的人，很少表現出努力追求權力和聲望的樣子。相反地，程度低的人是徹底追求聲望的類型，不僅僅是對他自己，就連對周遭的人也是擺出一副「我比你們都還要優秀」的態度。

《性格心理學》

151

努力與社會建立聯繫

在阿德勒心理學中，所謂的「社群情懷」是用來彌補人類在整個自然界中作為個體的弱勢。

即使從生物學的角度來看，人類也是需要「社會」的生物。在足夠成熟之前需要依賴別人的時間比其他動物都要長得多。高度合作和社會文化是人類作為一個物種生存的先決條件，需要「靠自己努力與社會聯繫」。

因此，「教育」的主要目的是要鼓勵人們「靠自己努力與社會聯繫」。人們不會天生就富有「社群情懷」。它雖然是與生俱來的東西，但必須要有意識地去開發、去培養。

《精神官能症問題》

152

成爲社會的一份子

致力於生活挑戰的人，必須有以下的堅定信念：

「生活就是關心同伴、成為社會的一份子，並盡可能地為人類的利益和幸福做出貢獻。」

我們對這個部分有一個共同標準來衡量真正的「生命意義」。

所有的失敗者，包括精神官能症患者、精神病患者、犯罪者、酗酒者、問題兒童、自殺者等，他們在生活中失敗，是因為缺乏所謂的「同類」感和社群情懷。

《生命意義心理學　上》

153

適度的服從和適應性很重要

社會不是為了「逃亡者」而打造的地方。

對社會來說，最重要的是適度的服從和適應性，以及能夠合作和幫助他人的能力。

而不是為了炫耀自己比別人優秀。

《性格心理學》

154

散播歡樂

要判斷一個人「是否有社群情懷」，最簡單的方法，就是觀察他有多努力去幫助他人、取悅他人。「帶給他人歡樂」的能力，會帶來很大的好處。這樣的人會坦蕩蕩地接近我們，我們也會覺得這個人在純粹的情感層面上，「比其他人更討人喜歡」。

我們能夠直覺地感受到這些特徵是社群情懷的證據。他們天性開朗，不會總是看起來很憂鬱、愁眉苦臉。而且也不會無謂地為別人擔憂或讓別人為他擔憂。和別人在一起的時候，是能散播歡樂、讓生活變得更加愉快的人。

《人性心理學》

155

缺乏社群情懷會損害生活

缺乏社群情懷會導致生活往非建設性的方向發展。

缺乏社群情懷的例子，包括有行為問題的兒童、犯罪者、精神疾病患者和酗酒者。

我們能為這些人做的就是，鼓勵他們努力工作並關心他人，以便他們能夠回歸生活中建設性的一面。

《活著最重要的是什麼》

156

如何了解社群情懷的發展程度

「要如何了解孩子們社群情懷的發展程度呢？」

對於這個問題，我可以這樣回答。

例如，如果這個孩子試圖「表現出自己比其他孩子優秀」，不考慮其他孩子，只自顧自地強行前進，那麼就可以確信這個孩子沒有社群情懷。

《兒童的人格教育》

157

社會是理想，也是「一盞明燈」

「社會」是一個遙不可及的理想。與此相同，「社群情懷」也是一種理想。

即便是處於受到很多人認可的位置，人類仍然可能會犯錯。

儘管如此，社群情懷仍是人類的「一盞明燈」。

正因為有「理想」這盞明燈，人類才能朝著自己的目標前進。

《性格心理學》

X 將學習與理解到的內容付諸實踐

只能透過實際演練來學習

「深入了解人類」，並不是可以從書本或教課書中獲得的知識，而是只有透過實際演練才能獲得的知識。

我們應該去體驗，並透過親身經歷來了解別人的快樂和焦慮，從而去與他們分享。

這就好比一個優秀的畫家，在畫肖像畫的時候並不是像照相一樣將人複製出來，而是可以描繪出從那個人身上所感受到的印象和氛圍。

《人性心理學》

159 任何人都可以成就任何事

阿德勒心理學的見解是「任何人都可以成就任何事」。這不僅僅是民主宣言，對優秀的孩子們來說，更是一個能讓他們卸下重擔的見解。

優秀的孩子們總是被寄予很大的期待，並認為他們應該是特別的存在。如果指導者相信並讓這樣的孩子知道「任何人都可以成就任何事」的話，那麼這個孩子長大後就會變成一個優秀但謙遜的人。

他們會將自己的成就歸功於努力和運氣。並相信如果就這樣繼續努力的話，沒有什麼是不可能的。

即使環境和能力不足，只要老師的教育方向正確，就能取得成果。

《活著最重要的是什麼》

透過勇氣和訓練成長

在教育或心理學的理論和實踐中，不該強調「遺傳」的邏輯。我們應該假設「任何人都可以成就任何事」。

當然，這不是在否認人類在「遺傳因素」上存在著差異。重要的是，「我們如何運用與生俱來的遺傳因素」。

正因為如此，教育才變得如此重要。

良好的教育是幫助人們成長，無論他們是否有能力。即使是能力不足的人，也可以透過勇氣和訓練，發展出偉大的能力。如果提供適當的教育，意識到自己的「能力不足」，就可以激勵人們取得重大成就。

《精神官能症問題》

161

從經驗中學習是最好的

養育孩子最好的方法，就是讓他們在常識範圍內「從經驗中學習」。這是為了要確保孩子們，是根據事物的邏輯和現實狀況衍伸出自己的行為，而不是「因為父母和老師說不行」。

《兒童的人格教育》

你能給予他人什麼？

愛慕虛榮的人總是扮演著「期待者」和「剝奪者」的角色。

和這些人相比，具有成熟社群情懷的人，也就是在行動時會捫心自問「我能給予他人什麼？」的人，在價值觀上與愛慕虛榮的人有顯著的差異，而這種差異一眼就能看出來。

《性格心理學》

163

爲人類的進步做出貢獻

儘管阿德勒心理學仍處於起步階段，但今後，它將對思想、文化和人類的未來產生永久性的影響。

阿德勒心理學不僅吸引了很多支持者，也一定會吸引許多一般人。有些人能夠理解，但也有很多人會誤解。

即使這個學說獲得很多人支持，但可能樹立了更多的敵人。它並不複雜，因此很多人會覺得它太簡單了。然而，真正了解阿德勒心理學的人，就應該知道它有多難。

即使這些支持者們沒有因為阿德勒心理學而取得財富和地位，也應該可以從反對者的失敗和錯誤中學到教訓。

那些利用自己的智慧，努力創造理想社會的人，和沒有這麼做的人之間，會產生很大的差異。

阿德勒心理學被認為能夠為支持者們提供洞察內心的敏銳洞察力，這種得來不易的能力對人類進步很有幫助。

《阿德勒心理學基礎》

164

保持謙卑

如果輕率地對待阿德勒心理學並濫用它，可能會損害到自己的聲譽。這種行為就像是在餐桌上，隨意炫耀自己有多了解同伴的行為、意圖和生活方式一樣。

將阿德勒心理學的基礎理論作為一門已經完成的學問，傳達給那些沒有研究過它的人，也是一件危險的事情。即使是已經學習過的人，也會有人覺得受到了傷害，這並不以為奇。

阿德勒心理學強調「謙卑」。它不允許人們輕率、過度地炫耀知識。

《人性心理學》

165 生命賦予人們的意義

教育者、教師、醫師和神職人員所扮演的角色是，讓我們確信失敗的真正原因，以意識到生命賦予人們的意義、找出人們所抱持的不正確的想法和錯誤的意義，並提高社群情懷、給予鼓勵。

《尋求生命的意義》

166

不要逃避命運，要開拓命運

「相信命運」的想法，會對一個人的一生產生很大的影響。不僅如此，它也經常影響整個國家、民族和文明。

然而，阿德勒心理學所要做的工作，只是闡明它對思想、情感和生活風格的影響。「相信命運」也許聽起來不錯，但通常只是單純的逃避。這是在逃避朝著建設性的方向努力。

命運不是去相信，而是要去開拓。「相信命運」可以說是一種錯誤的心靈支撐。

《活著最重要的是什麼》

167
朝著目標前進

當你要畫一條線的時候，如果沒有先看到目標的最終點，就無法筆直地畫到最後。

同樣地，如果只有慾望，是畫不出任何線的。

也就是說，如果沒有設定「目標」，就什麼也做不成。

只有先為未來設定目標，才能踏上邁向目標之路。

《校園裡的問題兒童們》

168
首先，從你開始

當我建議與他人合作並對他人表現出興趣時，很多人都會這樣說的：

「但是，其他人根本對我完全不感興趣。」

對於說這些話的人，我都是這樣回答的：

「總要有人先踏出第一步。即使其他人不配合或不感興趣，對你來說也沒有關係。你應該先踏出第一步，不要去想別人是否配合、是否感興趣。這是我的建議。」

《生命意義心理學　下》

編著者結語

當本書的編輯對我提出這個《超譯阿德勒》的構想時，我有些猶豫。我覺得現在已經太遲了，因為市面上以「阿德勒」或「阿德勒心理學」為名的書籍已經有數百冊之多。

但是，當編輯告訴我「正因為如此，才更應該回歸阿德勒本身的話語，用淺顯易懂的言辭來幫助人們了解阿德勒的本質」時，我心動了。

雖然我本身也是「阿德勒」或「阿德勒心理學」相關書籍的作者，但我覺得我還沒有充分傳達阿德勒的本質。

我原本就不是心理學的專家，但我在四十年前就愛上了阿德勒，並作為實踐者和阿德勒共度時光。阿德勒是一個透過為他人奉獻、為社會做出貢獻，來珍視自己和他人幸福的心理學家。就像許多受到阿德勒影響的人一樣，我一直認為阿德勒心理學是一門「實踐之學」，並非為理論而理論。而且，我一直對以言行一致為旗幟生活這件事抱有挑戰意識。

就算是從最終總結的意義上來說，我也決定要接下這份工作。阿德勒可以說是「實踐之學」的創始人，他也具有「先知（預言者）」的一面。

我有意識地使用了「先知（預言者）」，而非「預言家（予言者）」這個比較中性的詞彙。如果在日文辭典《廣辭苑》中查找「預言」這個辭，會出現如下的解釋：「在基督教和啟示宗教中，向人們傳達上帝託付給他們的言辭的行為，或其話語。其中包括道德勸告，和回心轉意的呼籲。」

我既不認為阿德勒是神，也不認為阿德勒心理學是一種宗教。

然而，我覺得在這本《超譯阿德勒》中，作為「阿德勒託付給我的話」，要傳達給讀者的使命如下。

阿德勒的話語，訴說了我們現代的生活方式、思考方式、人際關係的處理方式、與環境的關係等許多課題。

一百年前阿德勒所託付的話語，將成為我們解決這些課題的線索。

我覺得我的任務就是要將阿德勒的話語重合在現代的問題上，用淺顯易懂的方式來超譯，出版成冊，傳達給志同道合的人。

首先，我要感謝 Discover 21 的編輯大田原惠美小姐，這本書的原委正如開頭所述。

我和大田原小姐的交情是從她在前一份工作幫我出版《適用於職場的阿德勒心理學》（暫譯，働く人のためのアドラー心理学，朝日文庫）的時候開始的，在我的上一本著作，《求同存異，阿德勒職場領導學：團隊夥伴各個不同，照樣帶出績效的勇氣領導》（商周出版，二〇二三年）也合作得很順利。

我要向 Discover 21 的每一位表達感謝之意，感謝貴公司全體上下對我一直以來的支持，讓這本書能加入探索經典文庫系列的行列。

感謝岩井美彌子，儘管在家裡她是我的妻子，仍然代替忙碌的我，將我從阿德勒的書中挑選出來、有貼便利貼的部分輸入電腦。托她的福，我才能從超過四百句阿德勒的話中嚴選出一百六十八句。感謝我的妻子，美彌子。

也要感謝近四十年來支持 Human Guild 的工作人員、學生和會員們。沒有這些人就沒有現在的我。

最後，最要感謝的是讀完這本書的您。我希望阿德勒的話語不僅成為您知識的片段，更能成為您的血肉，豐富您的人生。

寫於阿爾弗雷德．阿德勒第一百五十四歲冥誕前

Human Guild 執行董事　岩井俊憲

阿爾弗雷德・阿德勒年表

Alfred Adler　1870-1937

1870

二月七日，出生於奧地利維也納郊外的魯道夫斯海姆。在七個手足中排行老二，上面有一個名叫西格蒙德（Sigmund）的哥哥。猶太裔中產階級，父親是一位穀物商人。童年深受佝僂症與氣喘所苦。

1874

就在阿德勒快四歲的時候，小他三歲的弟弟魯道夫（Rudolf）去逝。這段經歷和阿德勒自身所遭受的病痛，促使他立志成為一名醫師。

1888

進入維也納大學醫學院就讀。學生時期也參加了社會主義者的政治聚會。但並沒有參與任何積極活動。

1895

在維也納大學取得醫師資格（先開了眼科診所，後來又開了內科診所）。

1897

與他的終身伴侶，拉伊薩・愛潑斯坦（Raissa Epstein，出生於莫斯科，是猶太裔商人的女兒，畢業於蘇黎世大學動物學系）結婚。

1902

與奧地利心理學家、精神科醫師西格蒙德・弗洛伊德（Sigmund Freud）相遇。阿德勒受邀參加弗洛伊德所組織的週三心理學會。此後，長達九年共同進行研究活動。

1907

出版了他實質上的第一本著作《器官缺陷的研究》。

1910

就任維也納精神分析學會會長。

1911

獲得奧地利公民權（在此之前是匈牙利國籍）。與弗洛伊德分道揚鑣後，阿德勒與同伴們一同創立了自由精神分析協會（後來更名為個體心理學會），並以此為契機，徹底脫離了弗洛伊德的路線，建立了自己的心理學和理論。

1912
出版了他實質上的第二本著作《神經質性格》。

1916
在第一次世界大戰中擔任軍醫。參與了許多病人與傷患的治療。成為此後意識到社群情懷重要性的契機。

1920
從這一年開始著手建立多個設施，包括教師諮詢中心、醫學教育諮詢中心、幼兒園等，並逐漸擴展。以阿德勒心理學改革教育，並並將重心轉向大眾化。

1924
成為維也納市的教育研究所教授。

1926
前往美國進行第一次的巡迴演講。

1929
擔任紐約哥倫比亞大學公開講座講師。

1930
受封為維也納榮譽市民。

1932
開始任教於美國長島醫學院。

1934
隨著德國納粹政權的迫害日趨嚴重，決定將據點設在美國。以罹患重病為契機，開始與拉伊薩的家人一起同住。

1937
倒在蘇格蘭亞伯丁的街道上，因心臟病發作而病逝，享年六十七歲。

參考文獻

＊僅限直接參照部分

阿德勒的著作

- 《阿德勒的個體心理學講座　生活風格心理學》（アドラーのケース・セミナー　ライフ・パターンの心理学，*The pattern of life*），W・貝蘭・華夫（W. Beran Wolfe）編，岩井俊憲譯，一光社，二〇〇四年。

譯《阿德勒談生命風格：當個體心理學大師面對問題兒童的挑戰》，溫澤元譯，商周出版，二〇二一年。

- 《人性心理學》（人間知の心理学，*Menschenkenntnis*），岸見一郎譯，アルテ，二〇〇八年。
- 《性格心理學》（性格の心理学，*Menschenkenntnis*），岸見一郎譯，アルテ，二〇〇九年。
•《個人心理學》（人間をかんがえる，*Menschenkenntnis*），山下肇、山下萬里譯，河出書房新社，二〇二一年。
譯《認識人性：個體心理學大師阿德勒傳世經典》，區立遠譯，商周出版，二〇一七年。
•《個體心理學技巧Ⅰ　由傳記解讀生活風格》（個人心理学の技術Ⅰ　伝記からライフスタイルを読み解く，*Die Technik der Individualpsychologie: Die Kunst, eine Lebens-und Krankengeschichte zu lesen*），岸見一郎譯，アルテ，二〇一一年。
•《個體心理學技巧Ⅱ　兒童心理解讀》（個人心理学の技術Ⅱ　子どもたちの心理を読み解く，*Die Technik der Individualpsychologie: Die Seele des schwer erziehbaren Schulkindes*），岸見一郎譯，アルテ，二〇一二年。

- 《校園裡的問題兒童們》（教育困難な子どもたち，*Individualpsychologie in der Schule：Vorlesungen für Lehrer und Erzieher*），岸見一郎譯，アルテ，二〇〇八年。

  譯《個體心理學講座：阿德勒談校園裡的問題兒童》，彭菲菲譯，商周出版，二〇二〇年。

- 《精神官能症問題》（人はなぜ神経症になるのか，*Problems of Neurosis：Adler Selection*），岸見一郎譯，アルテ，二〇一二年。

  譯《靈魂修理師：遇見無法逃離「自覺不完美」情緒而壞掉的人》，高子晴譯，好人出版，二〇二一年。

- 《個人心理學講義》（個人心理学講義，*The Science of Living*），岸見一郎譯，アルテ，二〇一二年。

譯《阿德勒心理學講義》，吳書榆譯，經濟新潮社出版，二〇一五年。

- 《兒童的人格教育》（子どもの教育，*The Education of Children*），岸見一郎譯，アルテ，二〇二〇新裝版。

譯《阿德勒這樣教：教出自信、獨立、勇敢、會合作的孩子》，王童童譯，好人出版，二〇二一年。

- 《生命意義心理學　上》（人生の意味の心理学　上，*What Life Should Mean To You*），岸見一郎譯，アルテ，二〇一〇年。
- 《生命意義心理學　下》（人生の意味の心理学　下，*What Life Should Mean To You*），岸見一郎譯，アルテ，二〇一〇年。

譯《自卑與超越：生命對你意味著什麼》，曹晚紅譯，好人出版，二〇二〇年。

- 《尋求生命的意義》（生きる意味を求めて，*Der Sinn des Lebens: Adler selection*），岸見一郎譯，アルテ，二〇〇七年。
- 《生命對你意味著什麼》（生きる意味，*Der Sinn des Lebens*），長谷川早苗譯，興陽館，二〇一八年。

- 《活著最重要的是什麼》（生きるために大切なこと，*The Science of Living*），櫻田直美譯，方丈社，二〇一六年。

譯《阿德勒心理學講義》，吳書榆譯，經濟新潮社出版，二〇一五年。

- 《器官缺陷的研究》（器官劣等性の研究，*Studie über Minderwertigkeit von Organen*），安田一郎譯，金剛出版，一九八四年。

*因內文引用以日文譯本為主，為方便讀者檢索，書名仍以日文譯本的中譯為主，並附上日文譯本書名與原文書名，若有繁體中文版譯本則一併附上繁中譯本書名。

相關書籍

阿德勒追隨者的著作

- 《阿德勒心理學基礎》（暫譯，アドラー心理学の基礎，*Fundamentals of Adlerian psychology*），魯道夫・德雷克斯（Rudolf Dreikurs）著，宮野榮譯，一光社，一九九六年。
- 《阿德勒個體心理學》（*The Individual Psychology of Alfred Adler: A Systematic Presentation in Selections from his Writings*），亨氏・安斯巴可（Heinz L. Ansbacher）、羅文娜・安斯巴可（Rowena R. Ansbacher）編，黃孟嬌、鮑順聰、田育慈、周和君、江孟蓉譯，張老師文化，二〇一七年。
- 《優越感與社群情懷：後期著作集》（暫譯，*Superiority and Social Interest: A Collection of Later Writings*），Edited by Heinz L. Ansbacher and Rowena R.

Ansbacher, Northwestern University Press, 1964.

- 《兩性之間的合作：關於男女、愛情與婚姻與性的著作》（暫譯，*Co-operation Between the Sexes: Writing on Women and Men, Love and Marriage, and Sexuality*）Edited by Heinz L. Ansbacher and Rowena R. Ansbacher, W. W. Norton&Company, 1982.

阿德勒的傳記等

- 《阿德勒回憶錄》（暫譯，アドラーの思い出，*Alfred Adler：As We Remember Him*），Guy J. Manaster、Genevieve Painter、Danica Deutsch、Betty Jane Overholt 編，柿内邦博、井原文子、野田俊作譯，創元社，二〇〇七年。
- 《阿德勒的一生》（暫譯，アドラーの生涯，*The Drive For Self：Alfred Adler*

and The Founding of Individual Psychology），愛德華・霍夫曼（Edward Hoffman）著，岸見一郎譯，金子書房，二〇〇五年。

- 《發現無意識：動力精神醫學發展史》（暫譯，無意識の発見：力動精神医学発達史，*The Discovery of the Unconscious : The History and Evolution of Dynamic Psychiatry*），亨利・艾倫伯格（Henri Ellenberger）著，木村敏、中井久夫監譯，弘文堂，一九八〇年。

高寶書版集團
gobooks.com.tw

BK 080
超譯阿德勒
超訳アドラーの言葉

作　　者　阿爾弗雷德・阿德勒 (Alfred Adler)、岩井俊憲
譯　　者　陳筱茜
主　　編　吳珮旻
編　　輯　鄭淇丰
封面設計　林政嘉
內頁排版　賴姵均
企　　劃　陳玟璇
版　　權　張莎凌

發 行 人　朱凱蕾
出　　版　英屬維京群島商高寶國際有限公司台灣分公司
　　　　　Global Group Holdings, Ltd.
地　　址　台北市內湖區洲子街 88 號 3 樓
網　　址　gobooks.com.tw
電　　話　(02) 27992788
電　　郵　readers@gobooks.com.tw（讀者服務部）
傳　　真　出版部 (02) 27990909　行銷部 (02) 27993088
郵政劃撥　19394552
戶　　名　英屬維京群島商高寶國際有限公司台灣分公司
發　　行　英屬維京群島商高寶國際有限公司台灣分公司
法律顧問　永然聯合法律事務所
初版日期　2025 年 03 月

國家圖書館出版品預行編目 (CIP) 資料

超譯阿德勒 / 阿爾弗雷德 . 阿德勒 (Alfred Adler)、岩井俊憲作；陳筱茜譯 . -- 初版 . -- 臺北市：英屬維京群島商高寶國際有限公司臺灣分公司 , 2025.03
　面；　公分 . --

譯自：超訳アドラーの言葉

ISBN 978-626-402-200-2(平裝)

1.CST: 阿德勒 (Adler, Alfred, 1870-1937)
2.CST: 學術思想　3.CST: 精神分析學

175.7　　114001666